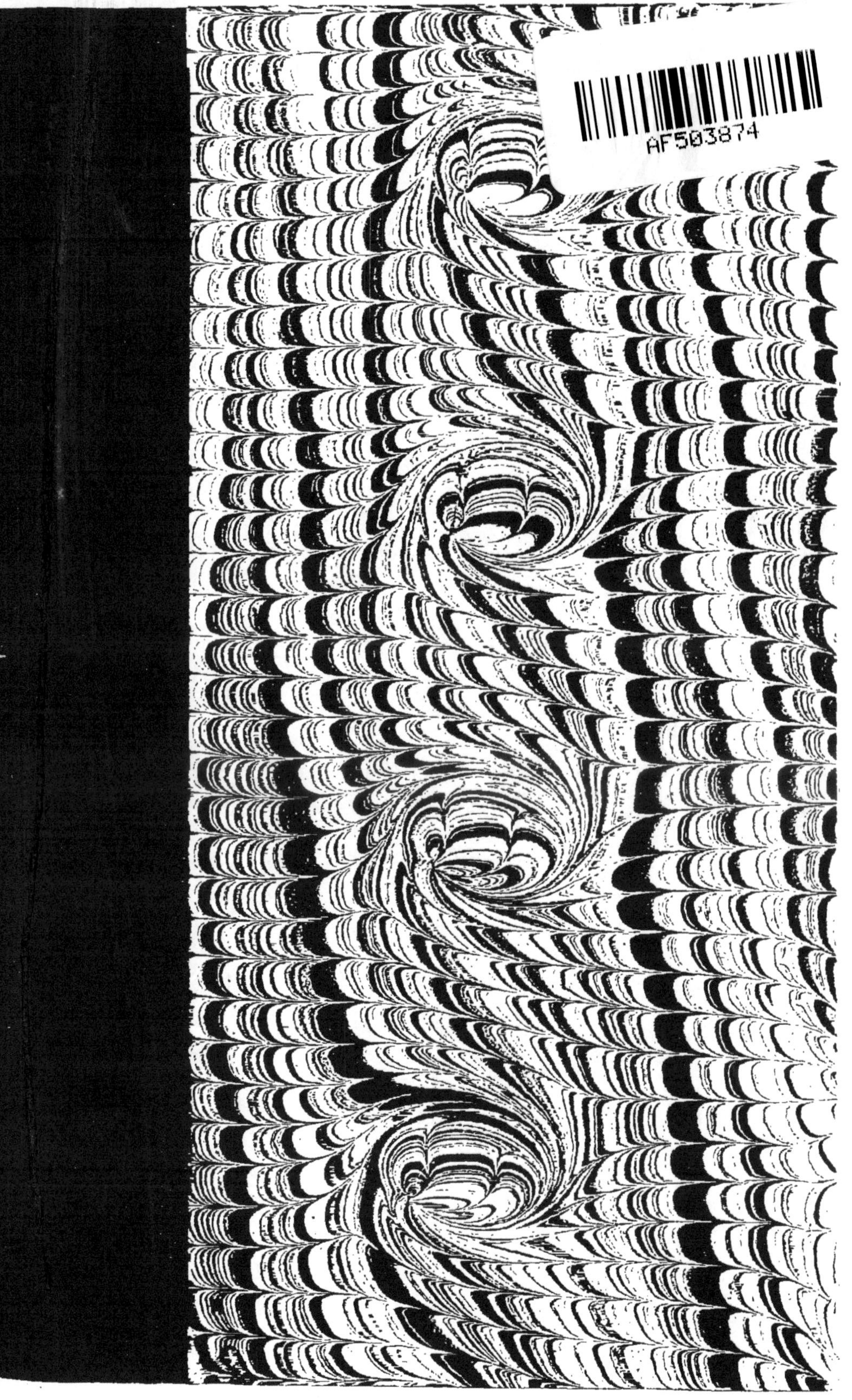
AF503874

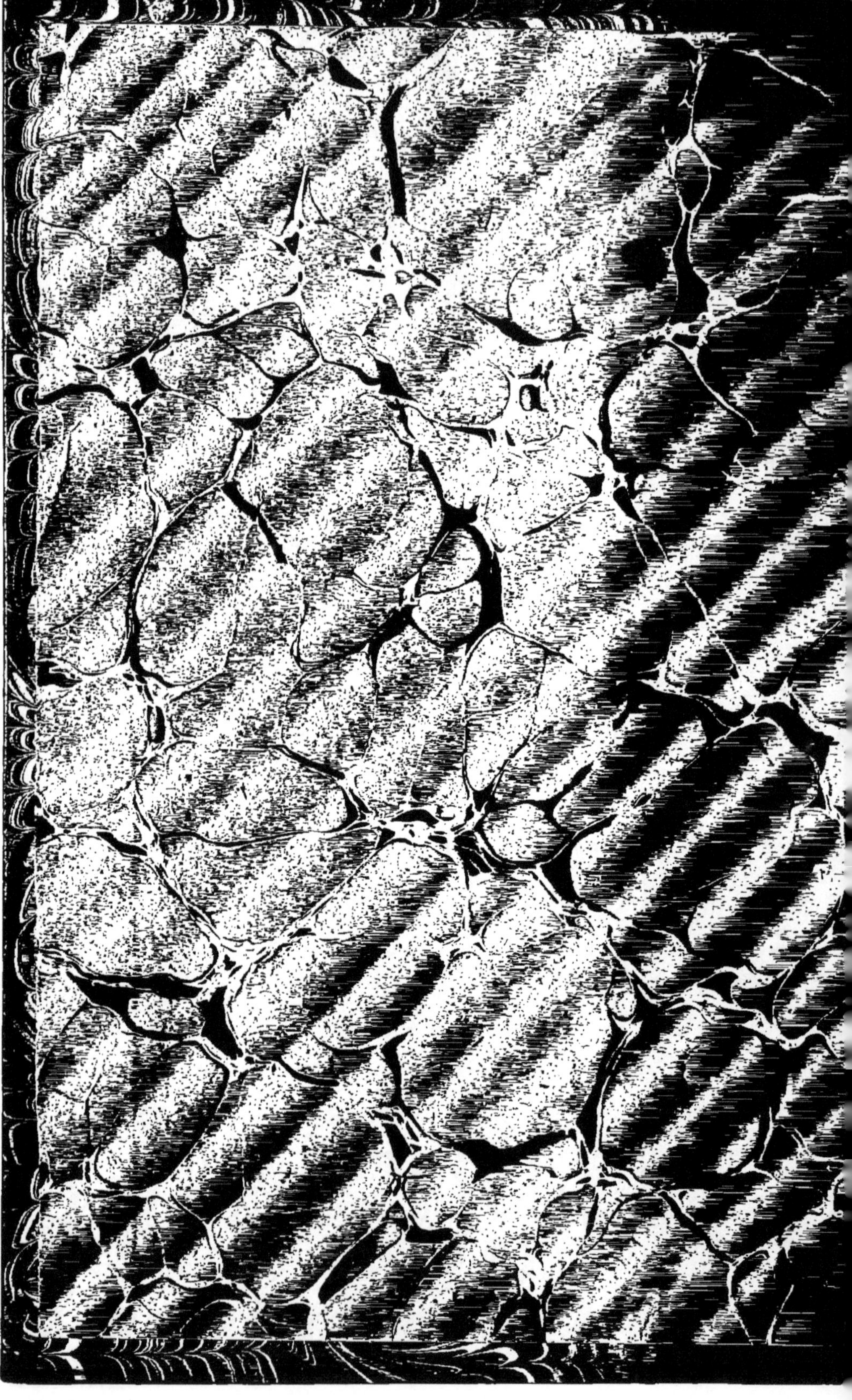

LOUIS JACQUIER

L'AMOUR

A PARIS

PARIS

CHEZ TOUS LES LIBRAIRES

1862

L'AMOUR A PARIS

Paris. — Imp. VALLÉE et Ce, 15, rue Breda.

LOUIS JACQUIER

L'AMOUR A PARIS

PARIS

CHEZ TOUS LES LIBRAIRES

1862

PRÉFACE

Qui que tu sois, ami lecteur, tu as aimé, tu aimes ou tu aimeras.

Si j'étais audacieux, lectrice aux yeux noirs, j'oserais vous tenir un semblable langage.

Par ainsi, galant cavalier, belle et honneste dame, l'amour estant vostre plus grande affaire, et l'auteur n'ayant eu en teste un autre soucy en faisant le présent livre, veuillez le suivre par delà cette première page, et trouverez peut-estre ce que vous cherchez.

L'AMOUR A PARIS

L'AMOUR A PARIS

I

Il est dix heures. Les joyeuses lueurs du gaz éclairent les rues et refoulent aux cieux les ténèbres ; des brises fraîches parcourent l'espace ; le tonneau-arrosoir ne fonctionne plus ; et les flâneurs circulent, lorgnon à l'œil, cigare aux dents, heureux sur leurs trottoirs, comme les poissons dans l'eau.

En face de l'entrée splendidement illuminée d'un bal public, il y a affluence nombreuse de badauds, attentifs et impatients.

Un fiacre arrive au petit trot, cahin, caha, roulant péniblement sur le pavé. Il s'arrête. Une jeune femme en parure élégante saute lestement à terre, sans se méfier des indiscrétions de sa crinoline ; son cavalier la suit; et, tout aussitôt, chaque badaud d'allonger le cou et de bousculer précipitamment son voisin.

Quant à nous, qui sommes au premier rang de cette foule curieuse, nous quittons notre poste pour marcher sur les traces du couple heureux et folâtre.

Nous avons entrepris une laborieuse excursion à travers le bruit, le tumulte et le macadam d'une grande cité, dans l'espoir d'y moissonner quelques-unes de ces fleurs délicates et parfumées, qui éclosent et s'épanouissent à tous les soleils.

Nous cherchons l'amour à Paris, et notre première halte est ici.

HALTE PREMIÈRE

A LA CLOSERIE

SCÈNE PREMIÈRE

Dans un bosquet. — Jules, adolescent sentimental ; Polyte, étudiant de cinquième année.

JULES.

Des cheveux blonds comme les épis, des yeux où se reflète l'azur du ciel, un air d'ingénuité, de candeur... et des bas propres ! C'est le rêve d'un poëte, mon ami. (*Avec sentiment.*) Je l'aime !

POLYTE.

Trente-deux petites dents toujours prêtes à mordre dans de la galette, et une crinoline qui ne demande qu'à voltiger par-dessus les moulins!... Quelque chose de tout à fait *chic*, mon bon. (*Frappant du poing la table.*) J'en suis *toqué*.

JULES, rêveur.

Errer dans les retraites mystérieuses du bois de Vincennes, descendre la Seine en canot et manger une matelote sous la tonnelle verdoyante et solitaire du marchand de vins-traiteur... avec une femme !

POLYTE, bourrant sa pipe.

Courir les fêtes de barrière, monter sur des chevaux de bois, tirer des macarons, boire des chopes, cabrioler au bal Willis, et faire du punch en rentrant chez soi... avec un bébé !

Un silence. Puis, apparition, à l'entrée du bosquet, d'une jeune femme passée à la poudre de riz. Jules lui saisit tendrement la main, Polyte se penche pour l'embrasser sur le cou : tous deux s'arrêtent et se regardent, fort surpris.

POLYTE.

Qu'est-ce que tu fais donc ? c'est mon bébé.

JULES.

C'est elle ! l'ange qui doit me faire connaître les joies du paradis.

LA JEUNE FEMME.

Hé bien ! après ? Allez-vous vous disputer parce que je vous ai rencontrés tous les deux le même jour.

POLYTE, menaçant.

Tu nous as fait *poser*, ma fille.

LA JEUNE FEMME, avec le calme de l'innocence.

Tiens! est-ce que je vous avais dit de m'attendre dans le même berceau, moi?... Quand on a besoin d'une affection, on fait ce qu'on peut pour la trouver, et on ne décourage pas les candidats qui se présentent. Ça serait trop bête.

JULES.

Vous cherchez une affection : moi, j'ai besoin d'aimer.

POLYTE.

Tu es un bébé en disponibilité : je t'adopte.

LA JEUNE FEMME.

Encore faut-il se connaître. Payez-moi un soda et des cigares, et nous irons danser.

SCÈNE II

Dans la salle du bal. Pendant une valse.

JULES.

Je déteste les hôtels garnis, les escaliers malpropres, les cours obscures, l'atmosphère des cafés-concerts et les éclats de l'orgie brutale. J'aime la solitude, les nuits étoilées, les soupirs de la brise dans le feuillage, les oiseaux, les fleurs et les femmes. Je vous aimerai poétiquement, comme j'ai aimé la cuisinière de mon oncle.

LA JEUNE FEMME.

Être aimée poétiquement?... Attendez un peu... Bon! je sais ce que c'est. Bénédict me l'a appris. Quand il faisait du soleil, il me menait voir les blés dans la plaine de Montrouge; les jours de pluie, il me lisait du George Sand et du Musset, et par les temps de neige, nous donnions à manger aux pierrots... Ça me va comme autre chose. Je ne vous chicanerai pas là-dessus.

JULES.

O créature céleste! comment vous exprimer ma joie et ma reconnaissance?... Encore un mot, ange de pureté et d'amour, votre nom!!

LA JEUNE FEMME.

Des petits noms? j'en ai à revendre. Ceux qui m'aiment poétiquement m'appellent Violette, Musette, Mariette. Les autres : Absinthine, Pochardine...

JULES.

Je prends Violette. Aimable et tendre Violette, je mets mon cœur à vos pieds.

SCÈNE III

Encore dans la salle du bal, pendant le quadrille.

POLYTE.

Maintenant, mon bébé, causons raison. Je suis ce qu'on appelle un bon enfant : j'aime le tapage, le punch et le bébé. Avec moi, tu peux compter sur une existence accidentée ; tu n'auras pas le temps de t'ennuyer.

LA JEUNE FEMME.

Des soupers à la halle et des nuits au violon? Je connais ça.

POLYTE.

Tu y es. En fait d'amour, je ne te demanderai que de boire sec, de crier fort, d'être toujours prête à t'amuser. Par exemple, j'ai un caractère un peu vif, et si tu... enfin si nous avons des querelles de ménage, je ne réponds pas de...

LA JEUNE FEMME, avec dédain.

Des calottes... oh! qu'est-ce que ça me fait! l'habitude...

POLYTE.

Alors c'est affaire faite. Tope là : tu es mon bébé.

SCÈNE IV

Dans le bosquet de la première scène. Jules, Polyte et la jeune femme, fumant et buvant de la bière.

JULES.

Amour et poésie !... Ma tendre Violette, qu'avez-vous résolu ?

POLYTE.

Cançan, punch et champagne !... Ma petite Pochardine, fais ton choix sans te gêner.

LA JEUNE FEMME, se parlant à elle-même.

Amour et poésie. . Cancan, punch et champagne. . (*Après avoir réfléchi.*) Ma foi! ça m'est égal. Arrangez-vous.

SCÈNE V

Dans la salle du café. Jules, Polyte et la jeune femme autour du billard.

POLYTE.

En cinquante sec. Je t'en rends vingt-cinq et je te joue le bébé.

JULES, avec un soupir.

En cinquante sec ma douce Violette! En cinquante sec mon rêve charmant d'amour !... Puisqu'il le faut...

LA JEUNE FEMME.

Allez-y. Je marque les points.

II

Le dernier quadrille vient de finir, et danseurs et danseuses ont poussé leur dernière clameur qui a été entendue par les passants attardés, à cent pas à la ronde.

L'équipage venu de la rive droite repart grand train, les fiacres se remettent à rouler bellement, les badauds tendent de nouveau le cou, et un flot d'étudiants, adressant des galanteries aux dames, lançant des quolibets à la foule, descend la rue de l'Est et la rue d'Enfer.

La plupart de ces jeunes gens ont au bras de jeunes femmes, dont la voix un peu rauque fait merveille dans le chœur général. « Ohé ! ohé ! » Ils s'appellent, s'interpellent, chantent la romance en vogue, l'air du *Mirliton* par exemple, et commettent toutes sortes de joyeusetés.

De trottoir en trottoir, le flot roule et se répand dans tous les hôtels garnis du quartier, antres ténébreux qui servent d'asile aux amours arrosées d'alcool et nourries de fumée de tabac.

S'il te plaît, ami lecteur, nous n'entrerons pas là, nous irons chercher ailleurs un gîte plus tranquille, et, paraisse le soleil, nous nous remettrons en route.

On ne trouve pas sans doute au pays latin que des femmes vénales. La grisette industrieuse et libre, au pied leste, au babil d'oiseau, ne doit pas être loin.

HALTE DEUXIÈME

RUE SAINT-JACQUES

SCÈNE PREMIÈRE

La mansarde de Ninie.

NINIE, jeune fleuriste, travaillant et chantant.

Un petit cœur bien gai, bien tendre,
Tra la la la,
C'est le cœur que Ninie a.
Bien sot qui ne sait pas le prendre,
Tra la la la,
Bien sot qui ne sait pas le prendre,
Le cœur que Ninie a.

GAUTHIER, entr'ouvrant la porte.

Mam'zelle Ninie, je suis sans allumettes !...

NINIE.

Entrez, mon voisin, il y en a sur la cheminée, et du maryland à côté.

GAUTHIER, s'asseyant.

Ah ! mam'zelle Ninie !...

NINIE.

Comme vous soupirez ! Est-ce que vous êtes triste ?

GAUTHIER.

Ah ! mam'zelle Ninie !... Mes cinq tableaux...

des chefs-d'œuvre !... On ne veut pas de chefs-d'œuvre au Salon ! (*Nouveau soupir.*) Refusé ! c'est honorable, mais c'est navrant.

NINIE.

Pauvre jeune homme ! il me fait une peine...

GAUTHIER.

Tenez, mam'zelle Ninie, voulez-vous que je vous dise ?... si vous m'abandonnez à moi-même, je ferai un malheur ! Je suis capable de crever pour trente sous de vessies, afin de me calmer les nerfs... Ça serait stupide !

NINIE, *compatissante.*

Dame ! puisque vous êtes malheureux... je veux bien aller à Vincennes ou à Montmorency.

GAUTHIER.

Vous me galvanisez ! J'ai un paletot qui est encore très-propre, je le mets au clou... Je vole et je reviens. (*Exit.*)

SCÈNE II

Ninie ouvre les tiroirs de sa commode. Elle cherche son col, ses manchettes et commence à s'habiller.

PROSPER, entr'ouvrant la porte.

Mam'zelle Ninie... savez-vous l'heure qu'il est ?

NINIE.

Tiens ! mon deuxième voisin ! Entrez, mon voisin, le coucou vous dira ça.

PROSPER, s'asseyant.

Ah ! mam'zelle Ninie !...

NINIE.

Qu'est-ce que vous avez donc, monsieur Prosper ? Vous êtes tout drôle.

PROSPER.

Ah ! mam'zelle Ninie ?... Rien que des boules noires ! Vous savez ce que ça veut dire ? Retapé à l'unanimité. Ça n'est pas pour moi que ça me contrarie. J'ai le temps de faire ma médecine; dix ans de plus ou de moins ! Mais quand on a un tuteur tracassier !... Enfin, mam'zelle Ninie, je suis tombé dans le troisième dessous du désespoir !

NINIE.

Pauvre jeune homme ! Que pourrait-on faire pour le tirer de là ?

PROSPER.

Une contredanse, mam'zelle Ninie, à la fête à Saint-Cloud.

NINIE.

Dame ! s'il n'y a que ça qui puisse vous remettre...

PROSPER.

Je vole chez ma tante, je lui confie ma montre, et je reviens.

SCÈNE III

Ninie a achevé de s'habiller. Elle noue les gourmettes de son chapeau.

LUCIEN, entr'ouvrant la porte.

Mam'zelle Ninie, acceptez ce mouron pour votre serin.

NINIE, touchée.

Ah ! ça, c'est une attention délicate. Merci, monsieur Lucien.

LUCIEN, s'asseyant.

Ah ! mam'zelle Ninie !...

NINIE.

Vous avez des chagrins, monsieur Lucien ?

LUCIEN.

Ah ! mam'zelle Ninie ! j'ai vu mes illusions s'effeuiller une à une, et mon espérance morte sur le seuil de l'Odéon. Ils ne veulent pas que je leur lise ma tragédie... Des vers sublimes, dignes de l'oreille des dieux !

NINIE.

Pauvre jeune homme ! Et c'est ça qui vous fait de la peine ? Mais je vous permets de me la lire... je l'écouterai, moi, votre tragédie !

LUCIEN.

Non, mam'zelle Ninie. C'est autre chose que je vous demande. Au poëte blessé par l'indifférence ou la sottise du vulgaire, il faut un peu d'amour... Un peu d'amour, Ninie!... Je connais un endroit charmant sur les bords de la Marne, un verdoyant réduit, tout plein d'ombre et de mystère... et j'ai un fiacre à la porte. Il y a dedans un homard et une bouteille de Jackson... Partons, Ninie.

NINIE, lui prenant le bras.

Pauvre monsieur Lucien! s'il lui faut un peu d'amour...

SCÈNE IV

La rue Saint-Jacques. Ninie et Lucien dans le fiacre, Gauthier et Prosper, tout ébahis, sur le trottoir.

NINIE, chantant.

Cœur à donner et pas à vendre,
    Tra la la la,
C'est le cœur que Ninie a.
Riche ou pauvre, on peut y prétendre.
    Tra la la la.
Bien sot qui ne sait pas le prendre,
    Fin qui le gardera.

III

Nous avons quitté la rue Saint-Jacques, et nous descendons la montagne Sainte-Geneviève. Voici les halles Maubert, la rue Mouffetard, des trottoirs étroits, des maisons noires, un pavé fangeux, des ruisseaux fétides et une population qui n'a pas l'habitude de parfumer son linge d'eau de Cologne : Chiffonniers et chiffonnières, la hotte sur le dos, le crochet à la main ; armée de balayeurs et de balayeuses, rangés en bataille, l'arme au bras, et attendant le mot d'ordre du chef.

Dans ces régions malsaines, l'amour se livre à d'incroyables écarts de conduite.

Il dort très-bien au coin d'une borne quand il ne couche pas au violon, et on le voit fréquemment, passé minuit, battre le pavé d'un pas trébuchant, l'œil poché, dégorgeant la chanson obscène. Vilain spectacle auquel nous ne tenons pas à assister.

Nous fuyons donc très-vite, et comme nous voulons jeter un dernier coup d'œil sur le quartier Latin, nous nous dirigeons vers la place de l'Odéon.

~~~~

Nous entrerons dans cette maison, située dans l'une des trois rues qui portent le nom de nos trois plus grandes illustrations littéraires. L'escalier est raide et obscur, un vrai casse-cou, que dégringole vingt fois par jour, tête première, le plus jeune des cinq marmots dont nous allons, ami lecteur, te présenter l'auguste mère. C'est une femme blonde, au
~~~~

regard mélancolique et aux doigts tachés d'encre, incapable de se préoccuper des bosses que messieurs ses fils ne cessent de se faire à la tête. Son esprit est dans les nuages. Elle fait des livres; mais comme elle se défie de son orthographe, elle a soin d'entretenir un commerce de tendre amitié avec le plus jeune et le plus lettré des amis de son mari.

L'heureux favori de la muse corrige des épreuves, fréquente les imprimeries, la loge des concierges des princes de la critique, et les bureaux des grands journaux. Volontiers il fait les courses comme un commissionnaire; mais, à l'heure des épanchements intimes, il lui est pénible d'entendre la muse répondre à ses discours passionnés :

— Toi qui sais le grec, mon ami, dis-moi donc si c'est ainsi qu'on écrit *athmosphère*.

Nous tournons le dos à la rue Corneille et à l'amour bas-bleu. Dix minutes pour traverser la rue de Seine, pour longer la rue Jacob, et nous pourrons nous reposer un peu.

HALTE TROISIÈME

FAUBOURG SAINT-GERMAIN

SCÈNE PREMIÈRE

Un salon très-élégant. La comtesse Mathilde de Sézanne, assise sur un divan et lisant; le comte, son mari, adossé contre la cheminée et lisant.

LA COMTESSE.

Oh! le livre ennuyeux! (*Elle le jette avec impatience. A son mari.*) Votre journal est donc bien intéressant? Vous n'en finissez pas!

LE COMTE.

Mon Dieu! chère Mathilde... c'est pour faire quelque chose. J'en étais aux annonces : « La clé de la fortune, ou cent soixante-quinze recettes infaillibles pour se faire un revenu... »

LA COMTESSE.

Assez. Causons un peu.

LE COMTE, *jetant un regard sur la pendule.*

C'est que... il faut que je sorte à deux heures.

LA COMTESSE.

Vous ne me conduirez pas au Bois?

LE COMTE.

Impossible! une pouliche à essayer... (*A part.*)

Une pouliche pour Angélina. (*Haut.*) Mais vous pourrez aller au Bois avec ma mère!

LA COMTESSE.

M'accompagnerez-vous aux Italiens?

LE COMTE.

Impossible! (*A part.*) Angélina débute dans le nouveau ballet. (*Haut.*) Mais vous pourrez aller aux Italiens avec ma mère!

LA COMTESSE.

Dînerez-vous ici?

LE COMTE.

Impossible! (*A part.*) On m'attend au cabaret, où je dois me griser avec du champagne et Angélina.

(*Haut.*) Mais, si vous ne voulez pas dîner seule, vous pourrez...

LA COMTESSE.

Dîner chez votre mère. (*Avec un petit bâillement harmonieux.*) Oh! comme je m'ennuie!

LE COMTE.

Vous avez tort. Il faut vous occuper, vous distraire, cultiver vos talents d'agrément... Pourquoi ne faites-vous pas de la peinture? La marquise de Vrigny passe ses journées à peindre des fleurs, et son mari s'en trouve très-bien.

UN DOMESTIQUE, s'approchant respectueusement du comte.

Monsieur le marquis fait dire à monsieur le comte que monsieur le marquis et la pouliche attendent monsieur le comte. Monsieur le marquis serait trèscontrarié que monsieur le comte ne pût aller au rendez-vous que monsieur le marquis a donné à monsieur le comte, parce que la pouliche...

LE COMTE.

C'est bien. J'y vais. (*Exit.*)

SCÈNE II

Entre madame de Sézanne. Cinquante ans, visage grave, toilette sévère ; le plaisir devenu vieux.

MADAME DE SÉZANNE.

Je viens du sermon.

LA COMTESSE, indifférente.

Ah !

MADAME DE SÉZANNE.

Et j'ai trois conférences cet après-midi.

MATHILDE, même jeu.

Ah!

MADAME DE SÉZANNE.

Après quoi je retournerai au sermon.

MATHILDE.

Ah!

MADAME DE SÉZANNE, s'emparant du volume resté sur le divan.

Que lisez-vous là? Un roman! (*Avec un soupir.*) Ah! Mathilde, prenez garde!... Pourtant j'ai mis ma bibliothèque à votre disposition. Elle est composée d'ouvrages moraux : des recueils de sermons par l'abbé X..., des recueils de sermons par l'abbé Y..., des recueils de sermons, par l'abbé Z.... Voilà les livres qui conviennent à une jeune femme... Vous êtes pâle ce matin; je vous trouve les yeux cernés. Seriez-vous souffrante?

LA COMTESSE.

Je m'ennuie.

MADAME DE SÉZANNE.

Je m'ennuyais aussi à votre âge. . Mais il est contre l'ennui un remède infaillible.

LA COMTESSE.

Indiquez-le-moi donc, madame.

MADAME DE SÉZANNE.

Il faut aller au sermon, mon enfant, devenir patronesse d'œuvres charitables, jeûner quelquefois, vous confesser beaucoup, faire des retraites avec nous, entrer dans toutes nos petites associations et lire tous les petits livres que je vous prêterai.

SCÈNE III

LA COMTESSE MATHILDE, *lisant.*

« Longtemps après, quand elle fut seule, elle essaya de se souvenir. Elle sentait encore sur ses lèvres l'impression brûlante du baiser qui... » (*S'arrêtant pour réfléchir.*) Il est certain que les conseils qui m'ont été donnés par mon mari et ma belle-mère ne valent absolument rien. Je ne les suivrai pas... Ce livre me parle une langue que je comprends mieux. Il est plus intéressant que je ne l'avais cru. (*Continuant sa lecture.*) « A partir de cette heure, une autre vie commençait pour elle. L'ennui, cet ennemi qu'elle n'avait jamais su vaincre, elle ne le craignait plus. Elle entrevoyait des horizons merveilleux, elle était toute aux joies de l'amour, à ses extases, aux ardeurs fiévreuses de la passion. Elle se répétait : J'ai un am...! »

(Elle laisse tomber son livre et se plonge dans une muette rêverie.)

IV

De nobles hôtels, des équipages armoriés, de grands laquais cousus d'or, — et des amours attaquées du spleen, tel est le faubourg Saint-Germain.

Si tu partages mon engouement pour la figure de rhétorique dite antithèse, nous continuerons, ami lecteur, de chercher des oppositions et des contrastes dans les quartiers qui possèdent une physionomie originale et bien tranchée :

Il s'agit de porter le pied gauche en avant et de nous fendre aussi loin que possible. Une multitude de rues, de squares, de boulevards, un fleuve, un pont, un palais nous passent entre les jambes. Nous sommes arrivés.

Des rues larges, des magasins splendides; encore des hôtels, des équipages et des laquais; une foule de piétons élégants, esclaves dociles des lois de la mode.

De prime abord, cette population peut ressembler à celle du faubourg, mais elle n'a pas la même indolence. Elle est préoccupée, soucieuse, affairée; elle semble talonnée par l'inquiétude, et n'a pas à craindre l'ennui.

HALTE QUATRIÈME

CHAUSSÉE-D'ANTIN

SCÈNE PREMIÈRE

Une salle à manger. Duhammel, Berthe sa femme, à table et déjeunant.

DUHAMMEL, mangeant d'une main et inscrivant de l'autre des chiffres sur son carnet.

12, 18, 22... Cinquante-deux et quarante de report font...

BERTHE, calculant dans sa tête.

Deux cent cinquante d'une part, cent vingt de

l'autre, plus les cent trente de ma couturière... J'arriverai à mille.

DUHAMMEL, ayant terminé son addition.

Huit mille sept cent vingt deux, quarante-quatre centimes... C'est un bénéfice assez gentil.

BERTHE.

L'épicier, 128... le boucher, 90... Ça fait mille francs que vous avez à me donner.

DUHAMMEL, se récriant.

Mille francs !

BERTHE, très-calme.

C'est mille francs. Croyez-vous que l'on puisse donner des dîners et des soirées sans qu'il en coûte rien? Je n'ai pas ce talent, quoique je sache gouverner une maison.

DUHAMMEL.

Parfaitement. Tu possèdes toutes les qualités d'un bon administrateur, mais...

BERTHE.

Ce n'est pas pour mon plaisir que je passe ma vie à faire des comptes et à vérifier des mémoires...

DUHAMMEL.

Parfaitement. Mais..

BERTHE.

Je ne demande qu'à être délivrée d'une tâche fastidieuse.

DUHAMMEL.

Parfaitement. Mais je ne puis m'occuper de ces détails... Mes affaires... d'ailleurs j'ai en toi une entière confiance. Je te connais, tu n'es pas femme à dépenser un sou inutilement. Je voulais seulement te dire que cela me gênerait beaucoup de te donner mille francs aujourd'hui. Tu payes tes fournisseurs trop vite, voilà! Que diable! mille francs peuvent, en peu de temps, faire de belle besogne. . quand on sait les faire travailler. Si tes fournisseurs attendaient une quinzaine! hein?

BERTHE.

Impossible. Je me ferais un cas de conscience de spéculer sur la complaisance forcée de ces pauvres gens qui ont besoin de leur argent.

DUHAMMEL, lui donnant un billet de mille francs.

Tu n'entendras jamais rien aux affaires!... (*Re-*

prenant son carnet.) Trente-six, quarante-sept, vingt-neuf...

BERTHE, *continuant ses calculs.*

Soixante-trois, le bijoutier; cinquante, la modiste...

(*Ils achèvent de déjeuner.*)

SCÈNE II

Le boudoir de Berthe.

BERTHE, seule.

Mon mari est parti et ne rentrera que ce soir. C'est un jour de liberté... *Viendra-t-il?...* (*Elle dispose des fleurs dans un vase qu'elle place sur la cheminée. Puis elle s'arrête devant la glace et rajuste sa toilette.*) Suis-je bien ainsi? me trouvera-t-il à son goût dans cette robe qu'il ne connaît pas ?... Il est si beau, lui, mon Adolphe ! et je l'aime tant !... Quatre jours sans me voir ! quels reproches je vais lui faire !... Il m'avait pourtant juré... Pourvu qu'il n'ait pas fait quelque imprudence !... Oh ! comme je suis impatiente... et inquiète ! (*Elle s'assied auprès de la fenêtre et découle le rideau.*) Il n'était pas au bal de madame Desormes. Il savait que j'irais... Oh ! j'ai peur, bien peur... Deux heures et demie ! Ne viendra-t-il donc pas ? Quelle terrible chose que l'incertitude ! (*Bruit de voiture dans la cour. Berthe applique un œil au carreau.*) Enfin ! c'est lui ! le voilà !

SCÈNE III

Adolphe paraît. Il marche vivement à Berthe, laquelle, pâle et tremblante, fait un pas vers lui.

ADOLPHE, avec âme.

95 la rente !

BERTHE, anxieuse.

Et les Consolidés ?

ADOLPHE.

90 1/8.

BERTHE.

Les Lombards, les Lyon, les Midi? Et la cote de Londres?

ADOLPHE.

Un huit de hausse. Hausse partout. Tu as fait des affaires excellentes.

BERTHE.

Cher Adolphe!... Tu m'avais fait une peur... Combien m'apportes-tu?

ADOLPHE.

Six cent quarante-deux, ving-cinq centimes... plus les quatre mille que tu m'as confiés.

BERTHE, le visage rayonnant de joie et avec un élan de tendresse.

Oh! garde-les!... et ajoutes-y ces mille francs, mais il me les faudra dans un mois.

ADOLPHE.

Cher ange!

BERTHE.

Mon Adolphe!

(Ils s'asseyent sur un canapé, tout près l'un de l'autre, se prennent les mains et échangent un long regard.)

BERTHE, avec amour.

Et maintenant, redis-moi les dernières nouvelles de la Bourse.

V

Encore une enjambée. Voilà des usines, des fabriques, des ateliers, des murailles noircies par la fumée, et des hommes noirs dans la rue : une population qui a de bons muscles et une charpente solide.

C'est Popincourt et ses fondeurs, les abattoirs, la Roquette, et le vieux canal Saint-Martin.

Dans ce quartier, point de riches magasins étalant de luxueuses babioles, mais un cabaret et une boulangerie, plus loin un autre cabaret, puis une boulangerie, et toujours des cabarets et des boulangeries.

HALTE CINQUIÈME

FAUBOURG SAINT-ANTOINE

PROLOGUE

Une chambre à peu près nue, au sixième étage.

Cinq heures du matin.

Mélina, femme d'ouvrier, est agenouillée sur le carreau, au-dessus d'un baquet, les bras nus, un pain de savon à la main et des nippes tout autour d'elle. Il n'y a pas à dire non. Il faut en faire des savonnages, quand tous les ans...

4.

— Guguste! veux-tu te tenir tranquille... Prends garde à toi, Tasie!... Zidore! si tu ne finis pas de te battre avec Polyte...

Surveiller quatre marmots quand on est sur le point d'en avoir un cinquième, et qu'on fait un savonnage! Dure besogne.

Dix heures

Mélina a fini son ménage. (Une Flamande trouverait encore quelque chose à y faire.) La lessive sèche sur des ficelles à la fenêtre; Polyte et Zidore, et Tasie et Guguste sont sous clef; Mélina part avec son panier. Elle va au marché, acheter un chou. Les fruitiers sont si chers! On peut bien faire une lieue pour économiser deux sous.

Midi.

Mélina rentre tout essoufflée. Elle se repose en faisant des tartines aux marmots. La lessive n'est pas encore sèche. En attendant, elle raccommodera le jupon de Tasie et le gilet de Polyte.

Deux heures.

Elle allume son fourneau et fait chauffer ses fers. Elle repasse jusqu'à la nuit. Puis il faut qu'elle donne le fouet à Guguste et à Zidore. Aura-t-elle le temps de repriser l'accroc que son mari a fait à sa veste dans sa dernière batterie ?

Huit heures.

Les enfants crient pour avoir à souper. Il faut les coucher et recommencer à fouetter Guguste.

Dix heures.

Mélina est sur les dents. Elle laisse tomber son aiguille et s'endort.

SCÈNE PREMIÈRE

Onze heures du soir.

UNE VOIX RAUQUE, dans l'escalier.

Il était un riche pacha, que l'on appelait Mus...

(Bruit d'un corps lourd tombant sur les marches.)

MÉLINA, réveillée en sursaut.

Le voilà !

LE MARI DE MÉLINA, débraillé et trébuchant, sur le seuil de la porte.

Je l'ai dit à Dachu... si elle grogne, je tape. Ainsi...

(Il s'appuie contre le mur et se met à osciller comme le balancier d'une pendule.)

MÉLINA.

Il est ivre !... C'était aujourd'hui jour de paye. Qu'as-tu fait de ta semaine ? Tu l'as bue ?

LE MARI.

Mélina !

(Il fait un effort pour marcher à elle, mais en lâchant le mur, il tombe sur la table.)

MÉLINA.

Boire vingt-cinq francs en un jour, quand la faim est dans la maison... sans cœur ! Et il dit qu'il aime ses enfants ; et il m'a épousée par amour.

LE MARI, subitement attendri.

Mélina !... Je suis une canaille. Toi, tu es une sainte femme... moi, je suis une canaille... Mais je t'ai aimée, Mélina. Ce souvenir-là, vois-tu, c'est sacré. Faut pas y toucher... Quand je pense que nous allions à Saint-Maur tous les dimanches manger de la friture ?... (*Solennellement.*) Je suis une canaille. Voilà cinq ans que je fais ton malheur, ça a assez duré.

(Il se dirige vers la fenêtre en longeant le mur et dénoue sa cravate.)

MÉLINA.

Qu'est-ce qu'il va faire ?

LE MARI, attachant sa cravate à l'espagnolette.

Oui, il est temps que ça finisse... puisque je suis une canaille...

MÉLINA, courant à lui.

Veux-tu lâcher ça, imbécile.

LE MARI, devenant soudainement furieux.

Mille millions de... si tu ne me laisses pas me pendre.

(Mélina l'empoigne au collet. Lutte, coups de poing, carreaux cassés, tapage d'enfer.)

MÉLINA, criant.

A moi ! au secours !

LE MARI, la battant.

Je suis une canaille... laisse-moi me pendre !...

SCÈNE II

Dans le cabinet noir où sont couchés les enfants.

GUGUSTE.

Psit ! psit ! Zidore...

ZIDORE.

Hein ? Guguste.

GUGUSTE.

V'là p'pa et m'man qui s' fichent une danse.

VI

Nous passons par Bercy.

Que de tonneaux, que de futailles et quel frais vermillon sur les visages ! On dirait que tous ces gens-là arrivent de Champagne ou de Bourgogne, et il n'est pas difficile de connaître, à la seule inspection de leurs traits, quelle est leur religion.

Bacchus est dieu à l'entrepôt des vins. Et l'Amour, que fait-il ?

Il descend la Seine en canot, bien et dûment

lesté de champagne. On lui prépare une matelotte sous les ombrages de Saint-Maur ou de Charenton.

Nous avons traversé la place de la Bastille. Nous longeons le boulevard Beaumarchais et nous appuyons à gauche.

Voici des rues désertes, des maisons silencieuses, un quartier d'une apparence honnête et provinciale.

Un fiacre endormi roule au milieu de la chaussée. Avec ce rentier paisible et cette bourgeoise candide que nous nous imaginons avoir rencontrés à Landernau, il est tout ce qui peuple ces vastes solitudes.

HALTE SIXIÈME

AU MARAIS

SCÈNE PREMIÈRE

La chambre à coucher de M. Durand, célibataire et rentier.

M. DURAND, en robe de chambre et coiffé d'un foulard, se promenant d'un air agité.

Sapristi ! mon chocolat ! je ne l'aurai pas aujourd'hui... (*Criant.*) Thénaïs !... (*On entend un grognement menaçant sortir de la cuisine. M. Durand, radouci.*) C'est bon, ne te fâche pas. (*Avec un soupir de résignation.*) C'est que j'aimerais à boire mon chocolat tout en sortant du lit. Mais je n'ai pu obtenir de Thénaïs... (*Prenant une lettre sur la cheminée.*) Lisons, en attendant, cette lettre que m'écrit mon ami Dubuisson : « Mon cher Durand, ma femme est indisposée et l'aîné de mes fils a la coqueluche, c'est te dire qu'il ne faut pas compter sur moi pour la petite partie que nous avions organisée. Présente mes excuses à l'ami Simonnet... » (*M. Durand, très-dédaigneux.*) Ces gens mariés ! de vrais esclaves ! La coqueluche, la migraine, un tas de lisières avec lesquelles leurs femmes les font aller... Comment un homme peut-il se résoudre au sacrifice de sa liberté? Je me le demande. (*Avec noblesse et fierté.*) Je suis célibataire, moi. J'ai gardé mon indépendance... Voyons un peu ce que j'ai à faire aujourd'hui. (*Consultant des notes sur son carnet.*) « Aller à la halle au poisson, choisir un homard pour mon ami Cornet. » Bien ! cette commission ne m'est point désagréable ! « ... Au chemin de fer de l'Est, réclamer une bourriche de gibier, de la part de mon ami Morizet. » C'est un peu loin, mais Morizet est employé dans une administration et ne saurait y aller lui-même. « A Montrouge, chez un jardinier-fleuriste, pour des hortensias... Rue de la Roquette, auprès du Père-Lachaise, pour une pierre tumulaire... A Batignolles... Au Gros-Caillou... » Sapristi! mais il me faudra une semaine, en prenant l'omnibus!... Je ne peux pourtant pas refuser à mes amis... Ils savent que je suis célibataire... que j'ai gardé mon indépendance...

SCÈNE II

Thénaïs paraît, l'air grognon, portant une tasse sur une assiette.

THÉNAÏS.

Le voilà, votre chocolat ! Vous avez assez crié... Si votre pain est brûlé, ce n'est pas à moi qu'il faudra vous en prendre.

(M. Durand déjeune et Thénaïs le regarde, assise dans le meilleur fauteuil.)

M. DURAND.

Thénaïs, j'ai à sortir, je suis très-pressé; mes habits!...

THÉNAÏS, ironique.

Vos habits! Ça n'est pas ceux d'hier que vous voulez dire?

M. DURAND.

Pourquoi?

THÉNAÏS.

Parce qu'ils sont crottés, donc. Revenir après minuit, par une pluie battante.

M. DURAND, avec une certaine hésitation.

Il me semble, Thénaïs, que vous auriez pu les brosser.

THÉNAÏS, s'enflammant tout à coup.

C'est ça, m'exténuer après vos habits, mon jour de frottage... Oh! je sais bien que vous êtes un égoïste, vous, que vous vous souciez de ma santé comme de...

M. DURAND.

Thénaïs!

THÉNAÏS.

J'étais une innocente qui arrivait de son village. Je suis entrée comme bonne chez vous, sans me méfier. Vous n'avez pas le moindre égard pour moi. (*Elle pleure.*)

M. DURAND, prenant une résolution énergique.

Hé bien! je les brosserai, mes habits! Tais-toi!

THÉNAÏS, pleurant toujours.

Vos souliers ne sont pas faits.

M. DURAND.

Je les ferai.

THÉNAÏS.

Vous n'avez pas de chemise blanche.

M. DURAND.

J'en mettrai une sale.

THÉNAÏS.

Il manque trois boutons à votre paletot.

M. DURAND.

Je les recoudrai ; mais, au nom du ciel, tais-toi.

THÉNAÏS, s'essuyant les yeux.

Vous savez où sont les brosses... C'est vous qui vous en êtes servi le dernier.

(M. Durand passe dans le vestibule. On entend fonctionner la baguette à battre les habits et les brosses à cirer les souliers. Thénaïs ouvre la fenêtre et commence à frotter la chambre. Quand M. Durand reparaît, elle se met à soupirer et à geindre lamentablement.)

M. DURAND, tout guilleret.

Voilà ma besogne faite, Thénaïs. Pendant que j'étais en train, j'ai donné un petit coup à tes bottines. Elles reluisent très-bien.

(Thénaïs indique par sa pantomime qu'elle est en proie aux plus vives souffrances.)

M. DURAND, effrayé.

Qu'est-ce que tu as?

THÉNAÏS.

Tiens ! si vous croyez que ce n'est pas tuant pour une femme de frotter les appartements... Demandez-le au médecin. Mais vous êtes d'un égoïsme ! Parce que tous les frotteurs sont beaux hommes, vous ne voulez pas qu'il en vienne un chez vous. Je frotterai, puisqu'il le faut, je frotterai. Et après, j'irai à l'hôpital... Oh ! je vous connais bien.

M. DURAND, hors de lui, repoussant Thénaïs et fourrant le pied dans la courroie de la brosse à frotter.

Thénaïs ! ferme la fenêtre... Ferme la fenêtre et assieds-toi là. Je ne te demande pas autre chose.

(Il frotte avec rage pendant un quart d'heure. Puis, suant, soufflant et le visage écarlate, il revient se placer en face de Thénaïs.)

M. DURAND.

As-tu encore quelque chose à me faire faire ?

Faut-il que j'aille chercher du charbon de terre à la cave? que je tire de l'eau? que j'épluche des légumes?

THÉNAÏS, recommençant à pleurer.

On s'extermine pour lui plaire et on n'a de lui que des reproches... Oh! l'égoïste! Moi qui étais une innocente qui arrivait de son village...

SCÈNE III

Dans la cuisine de Thénaïs. Thénaïs, en toilette provocante, s'occupe à dresser une table de deux couverts. Toc ! toc ! à la porte. Elle va ouvrir d'un air mystérieux.

UN POMPIER, *exécutant le salut militaire.*

Hommage à la beauté !... On peut entrer ?... Et le bourgeois ?

THÉNAÏS.

Filé! Il dine en ville.

LE POMPIER.

Amour d'homme! faudra le garder longtemps à ton service.

VII

La Halle aux vieux habits est sur notre route, et nous nous hasardons à y pénétrer.

Tu vois, ami lecteur, ces matrones rebondies, pleines d'ampleur et de majesté dans leurs palais de la *Forêt-Noire* et du *Pou-Volant.* Leur vertu est immaculée, mais elles ont un cœur sensible que Chicot, d'Artagnan et bien d'autres ont fait battre tour à tour.

Trois d'entre elles sont attablées dans un cabaret du voisinage. Elles mangent des huîtres en buvant du vin blanc. Leur visage est animé, elles parlent avec feu ; l'une vante les charmes d'un acteur bien campé, l'autre rend hommage à la désinvolture d'un beau danseur, et la troisième s'écrie avec un transport d'indignation :

— Quand je vois, dans une pièce, une femme jouer un rôle d'homme, je me dis : « Suffit ! » et je n'attends pas la fin. Il n'y a plus d'illusion.

Au Temple, nous avons trouvé l'amour platonique. En route, et marchons très-vite ; car il y a sur les trottoirs une cohue dont nous voulons nous tirer.

Nous passons devant des *musettes*, bals sans préjugés, où Auvergnats et Auvergnates se courtisent, le soir, à la mode de leur pays. Entre deux bourrées, des rivaux jaloux se bourrent le visage de coups de poing, et le vainqueur emporte à la danse l'Auvergnate en litige.

Nous faisons une pointe dans la Cité. Ici était le *Lapin blanc*. Nous ignorons s'il existe toujours des tapis-francs et des ogresses, mais nous sommes convaincus que, dans ces parages, l'amour doit avoir encore des allures très-brutales.

Un pont à traverser, et nous sommes dans le quartier des Halles.

Nulle part nous n'avons entendu un si assourdissant vacarme, nulle part nous n'avons vu un tel enchevêtrement de piétons, chevaux et véhicules de toutes sortes. Dans la rue, des omnibus, des fiacres, de lourds camions et des charrettes à bras, emmêlés, empêtrés, s'accrochant et se barrant le passage; sur les trottoirs, des garçons bouchers, un fardeau de viande fraîche sur la tête, des garçons de caisse, leur sac gonflé d'écus sous le bras, des bonnes chargées de paniers, des porteurs d'eau, des commissionnaires; toute cette foule affairée, bruyante, active à se bousculer.

C'est Paris commerçant. Devant nous le passage est barré par des tonnes d'huile qu'on descend dans une cave, un garçon boucher nous poursuit par derrière, et trois omnibus passent sur notre côté. La prudence nous conseille de nous coller le long de ce mur et de nous tenir tranquilles.

HALTE SEPTIÈME

RUE SAINT-DENIS

SCÈNE PREMIÈRE

Une chambre à coucher. — Irma vient de se lever et est occupée à sa toilette.

IRMA.

Je dois beaucoup de reconnaissance à Charles. Il pouvait faire un riche mariage, et il m'a épousée, moi qui n'avais pas de dot !... Ma tante prétend que c'est un trait héroïque. Oh ! je ne serai pas ingrate ! Je l'aimerai bien... Il a trente-cinq ans, j'en ai dix-huit ; mais à trente-cinq ans, un homme est encore très-jeune. Ma tante me l'a dit... Quel bonheur d'avoir pour mari un beau jeune homme, et quel bonheur d'habiter Paris ! C'est le rêve que je faisais avec mes bonnes amies, quand j'étais au pensionnat. Mon rêve s'est réalisé. Comme je vais être heureuse !... Cette nuit, en traversant la ville pour venir ici, j'ai déjà entrevu, par la portière du fiacre, des merveilles !... L'impatience et la curiosité m'ont éveillée de bonne heure, pourtant Charles était déjà parti... Il a voulu me laisser reposer, bon Charles ! Mais il va revenir et il sera bien étonné de me trouver toute prête pour la promenade... Où me mènera-t-il aujourd'hui ?... Les Champs-Élysées, le bois de Boulogne, les boulevards, le spectacle ?

(Elle tombe dans une muette rêverie.)

SCÈNE II

Un magasin de mercerie et bonneterie. Plusieurs demoiselles au comptoir, Charles à la caisse.

CHARLES.

Irma ne descend pas. Dix heures ! Elle fait la grasse matinée. Passe pour aujourd'hui, mais demain... (*Parcourant ses registres.*) Gants de Suède, gants de Suède, gants de Suède... On n'a pas vendu autre chose pendant mon absence. J'ai eu tort de rester si longtemps dans le pays de ma femme. Une semaine ! quand il ne faut qu'un jour pour se marier ! Si c'était à recommencer... ah ! si c'était à recommencer, je commencerais par réfléchir. Irma est bien jolie, mais *dix-huit ans* !... Sans compter que sa vieille bête de tante, n'ayant pas un sou à lui donner, l'a élevée comme une duchesse... Je me suis laissé prendre comme un imbécile aux charmes mignons de sa petite personne. Elle a la voix si douce, le regard si caressant ! Chère petite Irma !... mais pas de dot !... et j'aurais pu épouser la fille de l'épicier en gros : soixante mille francs ! Enfin j'ai avalé l'hameçon, et il est trop tard pour le décrocher... « Gants de Suède, gants de Suède, » il est surprenant que ces demoiselles ne trouvent à vendre que des gants de Suède quand je ne suis pas là... Qu'est-ce que je ferai d'Irma ? la mettrai-je à la caisse ou au comptoir ; Elle doit savoir très-bien calculer... après avoir passé dix ans à l'école... Mais non, le comptoir est plutôt son affaire... c'est cela... le comptoir... Il y a du casuel dans cette petite figure-là... — Décidément, elle ne descendra pas aujourd'hui !

(Il ferme son registre avec humeur et sort du magasin.)

SCÈNE III

Dans la chambre d'Irma.

IRMA, courant au-devant de Charles et lui sautant au cou.

Venez vite, monsieur, que je vous gronde ! C'est bien mal à vous de ne point m'avoir éveillée.

CHARLES.

Tu dormais d'un si bon cœur... Mais pourquoi

n'es-tu pas descendue au magasin, puisque tu es levée ? (*La regardant avec surprise.*) Quelle toilette! tu es éblouissante !

IRMA, triomphante.

Tu vois : je suis prête. Nous partirons quand tu voudras.

CHARLES.

Nous partirons ?... Où ça ?

IRMA.

Ne vas-tu pas me montrer Paris ? Je ne le connais pas, moi.

CHARLES.

Si fait, ma mignonne : dimanche, dans l'après-midi, à cinq heures, quand le magasin sera fermé. Aujourd'hui, on travaille. Je suis dans le commerce, mon trésor, tu sais cela. Du lundi au samedi, il faut gagner de l'argent. (*Lui passant un bras autour de la taille.*) Voyons un peu, toi, mon bijou, que sais-tu faire ?

IRMA.

Je sais aimer mon beau Charles, d'abord.

CHARLES.

Ce n'est pas ça que je te demande.

IRMA.

Je sais jouer du piano. Tu m'achèteras un piano ? Le mien est usé. Un chaudron ! Je l'ai laissé à ma tante.

CHARLES.

Autre chose.

IRMA.

Je sais encore danser, et chanter en italien.

CHARLES.

Va toujours.

IRMA.

Je sais faire de la tapisserie, broder au crochet et à l'aiguille, dessiner, peindre à l'aquarelle, faire des devoirs de style, — j'étais toujours la première au pensionnat, — jouer la comédie, lire des romans...

CHARLES.

Ta ! ta ! ta ! Mais sais-tu plier et déplier des grosses de bonnets de coton et des douzaines de chaussettes ? Sais-tu ce que valent les caleçons de bain, les écheveaux de fil d'Écosse et les gilets de flanelle ? Sais-tu rendre vite la monnaie d'une pièce de vingt francs ? Sauras-tu, par un sourire gracieux et une parole aimable, retenir un chaland que les commis auront laissé échapper ? Sais-tu enfin tenir ta place au comptoir d'un marchand de mercerie et bonneterie ?

IRMA, *effrayée.*

Oh ! non, Charles, je ne sais rien de tout cela.

CHARLES.

Eh bien ! mon trésor, je te l'apprendrai toute la

semaine, du lundi au samedi, et le dimanche, dans la soirée, quand le magasin sera fermé, je te ferai voir Paris. Nous irons nous promener dans le jardin du Palais-Royal, et je te montrerai le jet d'eau.

SCÈNE IV

Dans le magasin.

CHARLES.

Voici comment se fait un paquet. Je suppose que tu as vendu une demi-douzaine de gilets de flanelle. Tu les plies comme ceci, tu les enveloppes, tu les ficèles comme cela ; c'est l'affaire d'une seconde.

IRMA.

Charles, jamais je ne saurai; je suis si maladroite !...

CHARLES.

Tu as bien appris à danser !... Je t'ai expliqué notre marque, mais avant huit jours tu n'auras plus besoin de la consulter.

IRMA.

Charles, j'ai si peu de mémoire !

CHARLES.

Tu as bien appris le piano, l'italien !... Quant à tes registres et à ta correspondance...

IRMA.

Charles ! oh ! Charles !...

CHARLES.

Tu as bien appris à faire des devoirs de style...

(Entre un monsieur : extérieur agréable, manières polies, mise distinguée.)

CHARLES.

Vite, présente-toi. C'est un élégant : des gants de quatre cinquante probablement. Dis lui qu'il a la main petite, sois aimable, essaye-lui ses gants, et si ça a paru le flatter, demande hardiment cent sous au lieu de quatre cinquante. Va, mais va donc !

IRMA.

Oh ! Charles, je n'oserai jamais. Je suis si timide !...

CHARLES, très-courroucé.

Morbleu ! ne fais pas l'enfant... Souris donc !

(*Il la pousse.*) Et n'oublie pas de lui dire qu'il a la main petite.

IRMA, rouge comme une cerise et des larmes dans les yeux.

Que désire monsieur ?

LE MONSIEUR, d'une voix très-douce.

Une paire de gants, s'il vous plaît.

(Irma se rassure un peu et pose timidement des gants sur la main du monsieur, pour en essayer la longueur. Celui-ci met cinq bonnes minutes à chercher sa pointure avec Irma, et enfin il choisit les gants les plus chers.)

CHARLES, en lui-même.

J'en étais sûr ; ma petite Irma doublera ma clientèle. Dieu ! qu'elle est gentille ! C'est une dot comme une autre.

LE MONSIEUR, *en lui-même.*

Je vais me mettre à user une paire de gants tous les jours.

IRMA, *de même.*

Mes belles illusions, comment me consolerai-je de votre perte ? Dans cinq ans, Charles en aura quarante. Il m'a dit de vendre les gants cinq francs, mais je ne le ferai pas. Ce monsieur me regarde d'un air sympathique au lieu de rire de ma gaucherie et de ma timidité : ce serait mal de le tromper. C'est Charles qui a tort. (*A haute voix.*) Monsieur, c'est quatre francs.

VIII

Nous nous sommes tiré, non sans dommage, du mauvais pas où nous nous étions engagé. Le garçon boucher a fait tomber notre chapeau, et les trois omnibus nous ont éclaboussé jusqu'au cou. Mais nous avons gagné la rue Vivienne, traversé le Palais-Royal, et nous fumons notre cigare, fort à l'aise, sous les arcades de la rue de Rivoli.

Ce quartier somptueux appartient encore au commerce, mais au commerce qui roule équipage, et à de grands laquais pareils à ceux du faubourg Saint-Germain et de la Chaussée d'Antin.

L'idée nous prend de visiter l'intérieur d'un de ces négociants nababs qui ont empilé les richesses de tous les mondes dans leurs magasins immenses, dont on se fatigue à faire le tour.

Le négociant, un homme qui n'a plus d'âge, un peu chauve et ventru, est assis dans son salon, entre sa femme et son ami. La femme est assez jeune et assez belle, son ami assez bien conservé.

— Qu'est-ce que deux mille francs, dit l'ami, quand on est riche comme toi.

— Riche !... riche !... répond le négociant, parbleu oui, je suis riche, je le sais bien. Mon magasin a une belle clientèle, et je fais pour plusieurs millions d'affaires tous les ans. Mais qu'est-ce que cela prouve ?... Est-ce que je n'ai pas maison de campagne, voitures et laquais ! des frais ruineux... Une fille à marier ! un fils qui fait son droit tout de travers, et me mange un argent fou !... Riche ! riche !... c'est bientôt dit. Il n'y a de pauvres que les riches.

— Cependant, reprend l'ami, deux mille francs...

— Deux mille francs, dépensés mal à propos, détruisent l'équilibre d'un budget... et moi, j'ai toujours tenu à équilibrer mon budget. Je suis un homme d'ordre, c'est ce qui fait ma force... Tant pour les dépenses de la maison... tant pour mes dépenses personnelles... tant pour les générosités que je peux faire à ma femme, à mon fils et à ma fille. C'est réglé. Il n'y a pas de puissance humaine capable de me faire sortir de ma caisse une somme qui doit y rester.

La femme du négociant se lève :

— N'en parlons plus, monsieur. Vous ne voulez pas que j'aie ce cachemire. Je saurai m'en passer.

Et elle se retire avec dignité.

— Tu l'a blessée, dit l'ami.

— Bah ! bah ! ça se remettra, reprend le négociant. Elle sera trop contente d'avoir son châle...

mais là, franchement, je ne pouvais pas l'acheter dans ce moment-ci. Je viens de me fendre de quatre billets de mille... un bracelet magnifique! Tu comprends!... Mais le mois prochain, je m'arrangerai de façon à ne rien donner à *Paméla*. — Ça sera le tour de ma femme.

Nous redescendons dans la rue, où un coupé de remise passe à vide.

Si tu aimes les courses vagabondes, ami lecteur, nous prendrons le hasard pour guide. Il nous emporte à travers une longue avenue d'ormes feuillus, dans des régions aimées de la bourgeoisie opulente.

HALTE HUITIÈME

BARRIÈRE DE L'ÉTOILE

SCÈNE PREMIÈRE

Une allée ombreuse au fond d'un jardin. — Céleste Grimblot, riche héritière, 18 ans; Hubert, précepteur des frères de Céleste, 25 ans.

HUBERT.

C'est donc vrai, mademoiselle ! Le rêve enivrant que nous avons fait sous ces délicieux ombrages est fini ?

CÉLESTE, *avec un soupir.*

Hélas! oui, monsieur Hubert!

HUBERT.

Plus d'espoir! vous avez consenti... Le jour de votre mariage est fixé?

CÉLESTE, *même jeu.*

Hélas, oui!

HUBERT.

Et pourtant, c'est moi que vous aimez?

CÉLESTE.

Comment ne serait-ce pas vous?... Mon futur mari est égoïste, grossier, brutal; il est vieux, il est laid...

HUBERT, avec feu.

Vous l'avouez vous-même. Oh ! je vous en conjure ! ne vous laissez pas sacrifier...

(Céleste témoigne une vive surprise, puis prend un air de dignité blessée.)

CÉLESTE.

De quel sacrifice parlez-vous, je vous prie ? Il n'est question pour moi d'aucun sacrifice. Le général a soixante ans passés, des blessures, un asthme et des rhumatismes; il jure, il fume, il porte perruque, et je suis sûre qu'il pèse au moins cent kilos. Mais on ne valse pas avec son mari. D'ailleurs il tient un beau rang dans le monde, il a un hôtel, des laquais, des chevaux, des voitures... Où prenez-vous que je sois sacrifiée ?

HUBERT.

Votre florissante jeunesse liée à cette vieillesse

décrépite... Votre beauté, votre grâce, votre esprit, livrés...

CÉLESTE.

Justement. Il était naturel, dans mon isolement, que j'eusse quelque amitié pour un jeune et charmant professeur de belles-lettres; mais il est raisonnable et nécessaire que j'épouse un vieux général asthmatique et goutteux. Adieu, monsieur.

(Elle lui tend la main et s'éloigne avec majesté.)

SCÈNE II

Les marches d'un perron. Hubert et le général se rencontrent.

LE GÉNÉRAL, soufflant comme un phoque.

Brrr. . crrr...

HUBERT.

Vous souffrez, général ?

LE GÉNÉRAL.

Ce sont les jambes... L'estomac est encore bon. J'ai dernièrement mangé une dinde à mon dîner, et je bois facilement mes six bouteilles... Mais les jambes! ah! les jambes!...

HUBERT.

Elles ne vont pas si bien!

LE GÉNÉRAL.

Elles ne vont plus du tout. L'année dernière, je montais encore un peu à cheval; à l'ouverture, je tirais quelques coups de fusil; enfin, je pouvais accepter une partie chez un ami. Maintenant, neuf heures sur douze, je suis cloué sur mon fauteuil.

HUBERT.

Ça doit bien vous ennuyer.

LE GÉNÉRAL.

Pardieu !... C'est ça qui m'a donné l'idée de me marier.

(Hubert salue et passe. Le général lui répond par un signe de tête et descend dans le jardin.)

HUBERT, s'arrêtant en haut du perron et le regardant s'éloigner.

Voilà donc celui qui obtiendra...

LE GÉNÉRAL, dans le lointain.

Brrr... crrr....

SCÈNE III

La salle d'étude des jeunes Grimblot — Paul et Arthur Grimblot, Hubert.

HUBERT, corrigeant un devoir.

Aimare n'a jamais été du latin... Comment, Paul, vous ne savez même pas la première conjugaison ?... Arthur, je vous ai déjà défendu d'attacher des queues de papier à l'abdomen des mouches... *Amare vir-*

tutem et contemnere divi... cias ne s'écrit pas par un *c... divitias...*

(Il tombe peu à peu dans une rêverie profonde. Paul et Arthur, après l'avoir examiné du coin du l'œil, se donnent un coup de coude.)

PAUL

Le voilà parti. Il en a pour une heure.

ARTHUR.

Fameux ! je vas dévider mes vers à soie.

PAUL.

As-tu vu la chenille que j'ai trouvée dans le jardin?...

HUBERT, les sourcils contractés et les yeux perdus dans le vague.

Se sentir quelque chose là, dans la tête et dans

le cœur... Avoir de l'intelligence et de l'ambition ; être beau, distingué, instruit, plein de jeunesse et de séve... et ne pouvoir tirer aucun profit de tous ces dons, de ces qualités précieuses!... (*Se plongeant rageusement la main dans les cheveux.*) Ces petits Grimblot sont bêtes comme des oies, et moi, je deviens idiot à vouloir les décrasser. Est-ce que j'aurai le courage de rester leur précepteur toute ma vie? (*Résolûment.*) Oh ! non !... Je ne veux pas loger dans une mansarde, dîner à vingt-deux sous, et porter des paletots râpés... Ce que j'ai rêvé, c'est une existence luxueuse. Je la veux, je l'aurai... à tout prix !

SCÈNE IV

Les précédents, madame veuve Grimblot, 45 ans, visage long, maigre et jaune, regard noir et profond.

LA VEUVE, s'approchant de Hubert, avec un sourire.

Eh bien! monsieur Hubert, et cette petite indisposition? est-ce tout à fait passé? (*Le considérant avec une sollicitude maternelle.*) Il est encore tout pâle! (*D'un ton de doux reproche.*) Il ne fallait pas vous fatiguer, entendez-vous! Vous auriez dû donner congé à vos élèves, pour vous reposer. (*Avec une affabilité gracieuse et une pointe de coquetterie.*) Tenez ! je vais au Bois et je les emmène. Fermez vos livres et venez avec nous. Voulez-vous ?

HUBERT, *à part et regardant sournoisement la veuve.*

Puisqu'il faut des vieillards aux jeunes filles...

IX

Te plairait-il, ami lecteur, voir un moment l'amour militaire ; l'amour en frac d'uniforme, le shako sur la tête, les moustaches en crocs, et l'épée au côté?

Nous sommes au Gros-Caillou. Les clairons belliqueux, les tambours retentissent ; il y a plein les rues des uniformes de toutes les coupes et de toutes les couleurs.

Entrons dans ce garni. Nous avons une prestance assez martiale, et le concierge, un tailleur ou un bottier qui porte le bonnet de police et le pantalon d'ordonnance, n'hésitera pas à nous prendre sur notre mine pour un officier. Nous nous présentons comme un homme en quête d'un logement, et il nous montre celui qui est disponible.

— Mon officier, nous dit-il, ça donne sur le Champ-de-Mars. Une vue magnifique! Vous n'aurez qu'à ouvrir votre fenêtre pour voir la manœuvre, et vous entendrez la diane tous les matins... Le café est au rez-de-chaussée, et le bal d'Idalie à deux pas, à côté du tir au pistolet... Pour ce qui est d'accrocher vos armes, les clous sont encore après le mur.

Alors, nous baissons la voix pour glisser une question dans l'oreille du concierge, qui prend la position du soldat sans armes, et porte la main à son bonnet de police:

— Comment donc, nous répond-il, mais certainement, mon officier. Il est entendu qu'en devenant mon locataire, vous entrez dans tous les droits de votre prédécesseur. Attendez un peu. Vous avez le numéro 6... Il est probable que dans la soirée on viendra gratter à votre porte. Par exemple, je ne pourrais pas vous dire si c'est le jour de la brune ou de la blonde.

Nous savons que nous verrons le fantassin au cœur tendre, et le sapeur fier et glorieux, partout où l'on trouve des nourrices et des bonnes d'enfants. Nous ne voulons pas troubler les confidences intimes du pays et de la payse, mais nous nous arrêtons un moment dans cette rue en démolition.

Ici, ami lecteur, au milieu de ces décombres, un feu de résine s'allumera quand viendra la nuit, et un invalide, la pipe à la bouche, le briquet sous le bras, fera sentinelle.

Supposons que la bise de décembre fouette son visage. Il en a vu de plus dures à Moscou, mais sabre de bois ! ça pince. Quand on est de faction, les jambes s'engourdissent... une, deusse, une, deusse. Il marche tout d'une pièce, comme un pantin. Il a beau jeter des planches dans le feu, les articulations ne plient pas.

Soudain, une forme massive apparaît dans l'ombre. C'est *Madame Chaplou*, une garde-malades, une portière en retraire ou une femme qui fait des ménages. Elle arrive, en trainant sans bruit ses chaussons de lisières, et le *père Laluette*, tout ragaillardi, qui ne se sent pas plus de cinquante ans, vole à sa rencontre, et enlève vivement de son cabas une bouteille d'eau-de vie, deux gobelets d'étain, une casserolle, du sucre, tout ce qui est nécessaire pour faire un brûlot.

Jusqu'à sa dernière heure, le troupier français reste sensible aux attentions délicates de la beauté.

Encore quelques pas et nous sommes en face d'un ministère.

Il y a là, tout autour, une population d'employés, jeunes, élégants, aimant le plaisir, et émargeant des appointements raisonnables, qui sont les ennemis forcenés du mariage jusqu'à la trentaine.

HALTE NEUVIÈME

RUE DE L'UNIVERSITÉ

SCÈNE PREMIÈRE

Une chambre de garçon. — Jules et Alice.

JULES, debout près de la porte, sa canne à la main et son chapeau sur la tête.

Eh bien! Alice, es-tu prête? Je t'attends.

ALICE, faisant l'inventaire du mobilier et touchant à tout.

Laisse-moi un peu regarder. C'est si gentil chez

toi... Comment appelles-tu ces petites choses-là?.. Du vieux Sèvres... Et ces machines, qui sont après le mur?... En as-tu, des tableaux et des épées! J'en ai vu de pareilles au musée de Cluny. (*Elle s'assied.*) Oh! le bon fauteuil! Comme on enfonce!.... Je me plairais bien ici, moi.

JULES.

Alice! viens-tu?

ALICE.

Pourquoi m'avoir empêchée si longtemps de venir chez toi? Je le désirais tant!

JULES.

Tu sais bien que j'ai des ménagements à garder. D'ailleurs, mon propriétaire...

ALICE.

Ne veut pas que ses locataires ramènent *des femmes*. Mais moi, Jules, est-ce que j'ai l'air d'être une de ces créatures?... Je ne m'habille pas comme elles. Je n'ai ni leurs habitudes, ni leur langage, ni leur caractère. Je suis telle que tu m'as faite... On pourrait nous prendre pour des gens mariés.

JULES.

Alice! viens-tu?

ALICE, se levant et s'arrêtant devant une porte.

Tu as encore une chambre par là?

JULES.

C'est un cabinet de toilette.

ALICE, ouvrant la porte.

Tiens! mais c'est assez grand. On pourrait y mettre un fourneau... C'est tout ce que tu as?

JULES.

Encore une pièce au bout, pour cinq cents francs. Mais tu m'impatientes, à la fin!... Alice! viens-tu?

(Alice se décide à partir, mais avec une répugnance marquée.)

JULES.

Nous prendrons un cabinet, hein? pour être plus tranquilles.

ALICE, avec un soupir de regret.

C'est gentil chez toi. Je m'y plairais bien.

(*Exeunt.*)

SCÈNE II

Même décor et mêmes personnages. — Passé minuit...

ALICE, un chiffon de papier à la main et fumant une cigarette.

Bisque d'écrevisses, poulet, saumon, nougat, crème frite, hom...

JULES, l'interrompant.

Pourquoi diable me fais-tu lecture de la carte de notre dîner?

ALICE.

Tais-toi donc !... Homard, meringues, confitures, château-margaux, aï-crémant. C'est tout... As-tu remarqué le total de l'addition?

JULES.

Vingt-cinq francs et des centimes.

ALICE.

Et douze francs de spectacle, et cinq francs de fiacre, plus les rafraîchissements: oranges et limonades... Combien ça fait-il en tout ?

JULES.

Environ cinquante francs. Mais pourquoi?...

ALICE, d'un ton résolu.

Écoute, mon petit Jules, tu fais des folies... Cinquante francs en une soirée ! et tu ne gagnes que trois mille francs à ton ministère!... Tu te ruines pour moi. (*Le câlinant.*) Tu ne sais pas?... J'ai une idée.

JULES.

Eh bien! dis.

ALICE.

Si tu voulais, au lieu d'aller dépenser tant d'argent au restaurant, nous ferions ici les meilleurs petits dîners!... Il n'y a plus d'inconvénient à tout cela, maintenant que tu as consenti à ce que je vienne chez toi... Il ne nous faudrait qu'une demi-douzaine d'assiettes, quelques plats, un réchaud. Pas d'embarras du tout!... Je suis un vrai cordon bleu. Et tu verras, quelle économie!

SCÈNE III

Un mois après. — Jules et Alice achevant de dîner [1].

ALICE.

Eh bien ! mon petit Jules, es-tu content ?

JULES.

Mais oui, mais oui.

[1] Ne t'étonne pas, ami lecteur, de nous voir franchir ainsi la distance. Puisque nous possédons la faculté d'entrer chez les gens pour surprendre leurs petits secrets, il ne doit pas nous être impossible de pénétrer dans l'avenir. — Bien plus, nous te prévenons que nous te montrerons, dans la même journée, des ciels d'hiver et des soleils d'été, selon que nous aurons besoin du froid ou de la chaleur pour mettre en scène nos personnages.

ALICE.

La sole au gratin n'était pas très-bien réussie parce que nous n'avons pas de four de campagne, mais nous en aurons un. Il ne nous manque plus que cela.

JULES.

Certainement. Des broches, des poêles à frire, des cocotes et des casseroles de toutes les dimensions, il y en a plein mon cabinet de toilette.

ALICE.

Si tu disais la cuisine!... C'est égal, tu as dû mettre une jolie somme de côté, depuis que nous fêtons le dimanche chez toi.

JULES.

Une centaine de francs.

ALICE.

Tu vois bien!... Maintenant il y aurait une réforme à faire dans tes dépenses de la semaine. Le repas que tu prends à la table d'hôte te coûte au moins trois francs. Si je venais tous les soirs, au sortir de mon magasin, te faire à dîner?...

JULES.

C'est un projet qui demande à être mûri.

ALICE.

Quel inconvénient présente-t-il?... Puisque nous avons une batterie de cuisine et qu'on me voit tous les dimanches venir à la maison...

SCÈNE IV

Plusieurs mois après. — Vers onze heures du matin.

ALICE, en grande toilette, une main sur le bouton de la porte.

Au revoir, Jules... Dis donc! sais-tu que c'est drôle...

JULES.

Quoi donc?

ALICE.

Dame! s'en aller à présent pour revenir ce soir. Ça n'est guère la peine.

JULES.

Ne t'en va pas.

ALICE.

Il faut bien que je rentre chez moi pour changer de robe... Mais c'est égal, avoir une chambre dont on ne fait usage que pour serrer ses robes, c'est drôle!. . Un coin d'armoire chez toi ferait aussi bien l'affaire, et ça coûterait moins cher de loyer. Qu'en dis-tu ?

JULES.

Je dis... je dis... Au fait, puisque tu passes toutes

tes journées ici, à raccommoder mon linge et à faire ma cuisine...

ALICE.

Je vais revenir avec mes malles.

SCÈNE V

Dix ans plus tard. — Même décor, mais très-fané. Jules, un ami de Jules, — des babys dans tous les coins.

L'AMI DE JULES.

Ainsi, mon cher, tu es toujours employé à 3,000 francs, et ces jeunes drôles...

JULES.

Ça n'est pas ma faute... Parole d'honneur, je ne pourrais pas te dire comment tout ça est arrivé.

L'AMI DE JULES.

Tu as trente-cinq ans, tu commences à prendre du ventre et à grisonner. Alice te fait mettre de l'argent à la Caisse d'épargne, et il y a des babys plein ta maison... Veux-tu que je te donne un bon conseil?... Il ne te reste qu'à *épouser*.

JULES, avec joie.

Vrai! Eh bien! mon ami, je n'osais pas te le dire. — C'est fait.

X

En passant dans certaines rues des quartiers fashionables, celles qui ne sont pas d'une largeur exagérée, — la rue Laffitte par exemple, et les rues voisines, la rue Richelieu, la rue de l'Echiquier, la rue Bergère, — nous avons remarqué souvent, au-dessus de notre tête, quelque chose de particulier.

Les fenêtres qui se font face se mettent en communication, et engagent d'agréables correspondances, au moyen de signes télégraphiques qui traversent l'espace. L'une, ouverte à deux battants, laisse passer le torse d'un monsieur qui gesticule avec énergie ; l'autre, seulement entre-bâillée, cache à demi une jolie femme qui mime sa réponse discrètement.

Pour être privés de l'usage de la parole, Arlequin et Colombine n'en finissent pas moins par s'entendre.

HALTE DIXIÈME

PAR LES FENÊTRES

SCÈNE PREMIÈRE

Le salon d'Emma.

EMMA, à son piano, s'accompagnant très-fort.

Je t'aime, je t'aime, je t'ai... (*S'arrêtant brusquement.*) C'est ennuyeux de chanter seule. Il n'y a d'amusant que les duos. (*Elle se lève et va s'asseoir auprès de la fenêtre, dont elle soulève le rideau.*)

Est-il encore à son balcon? Oui. Eh bien! il a de la patience... Bonjour, mon voisin; c'est votre troisième cigare, que vous fumez là? Grand bien vous fasse! moi, je vais broder... Mais vous ne me regarderez plus avec trop d'insistance? vous vous souviendrez de la leçon que je vous ai donnée? A la bonne heure. Soyez sage, où je retourne à mon piano. C'est que, voyez-vous, je suis très-nerveuse aujourd'hui. Je ne vous passerai rien... Mon voisin, c'est la faute d'Édouard. Croiriez-vous qu'il m'a défendu de recevoir mon cousin, un ami d'enfance! Que pensez-vous de ce procédé? C'est indigne, n'est-ce pas? Moi, j'en suis irritée à un tel point que... Vous ne connaissez pas Hector, mon voisin. C'est un joli garçon, qui a vingt-cinq ans comme vous, mais il est blond et ne porte que ses moustaches; vous êtes brun et vous avez toute votre barbe. J'aime assez ça... Pauvre Hector! Faut-il qu'Édouard soit jaloux!... Et il a bien tort; mon cousin était si timide! Vous ne l'êtes pas, vous. Baissez donc un peu les yeux, que je vous regarde à mon tour... Vous êtes très-bien... Ah! comme Édouard vous mettrait vite à la porte si vous essayiez de vous faire présenter chez moi!... Mon Dieu, oui, mon voisin, il vous enverrait rejoindre mon cousin Hector, M. Léon, M. Jules, MM. ***. Il faut bien que j'en prenne mon parti, mais c'est triste, allez.

SCÈNE II

Chez le voisin.

LE VOISIN, à son balcon, fumant un cigare.

Diable de petite femme! C'est gentil, c'est mignon, c'est coquet... et pas prude, oh non! On a un mari qui porte de la flanelle, pauvre petite! Eh bien! mais, je suis là, moi!... Si je profitais de l'occasion pour me débarrasser de Paméla? Elle me coûte un argent fou, et franchement elle ne vaut pas... (*Il rallume un cigare.*) Diable de petite femme! m'en fait-elle des agaceries derrière son rideau! Elle minaude comme une chatte, et ça lui va bien! La voilà qui me montre ses petites dents. Elle se moque de moi. Ma foi tant pis! (*Il lui envoie un baiser.*) C'est bête et ridicule, ce que je fais là, mais c'est elle qui m'y force.

SCÈNE III

Chez Emma.

EMMA

Eh bien, que ait-il donc? Un baiser! Vous vous émancipez, mon voisin, vous allez être puni. (*Elle court à son piano.*) En pénitence! La moitié d'un opéra pour vous enseigner la discrétion. Aimez-vous la musique? Regardez ma fenêtre maintenant.

Il y a de jolis rideaux, n'est-ce pas. (*Emma joue avec beaucoup d'entrain le commencement d'un morceau, puis ses doigts se ralentissent, elle se lève et retourne avec précaution à la fenêtre.*) Voyons s'il est encore là?... Parti!... Oh! pour le coup, voilà qui est de la dernière impertinence. Nous nous fâcherons tout à fait, mon voisin. (*Elle pousse un cri.*) Ah! vous m'avez fait peur... C'était une ruse de guerre, vous étiez caché, je comprends bien. Mais je suis furieuse contre vous. Est-ce qu'on se montre ainsi, tout d'un coup! Vous n'auriez pas dû me surprendre les yeux braqués sur votre chambre, vous êtes un maladroit, vous manquez de tact... Que me voulez-vous encore? Je n'entends rien à vos grands gestes de télégraphe. Vous êtes très-gauche, très-disgracieux. Dieu! le laid voisin!... Vous me montrez des bouts de carton. Qu'y a-t-il dessus?... Des lettres... Attendez un peu. Bien! j'y suis... Celle-ci est un J... cette autre est un E.. J E je... Maintenant un V, un O, un U, un S. Cela fait *je vous...* Après, mon voisin. Un A, un I, un M...

JE VOUS AIM...

(*S'arrêtant tout à coup.*) Par exemple! qu'est-ce

donc qu'il me fait lire?... Adieu voisin, voilà un mot que je ne saurai jamais épeler. (*Elle laisse retomber le rideau. Un silence.*) Mon voisin est d'une audace!... C'est que c'est très-ingénieux, ce système de correspondance. On n'a qu'à peindre de grandes lettres sur du carton blanc, et l'on peut facilement d'un côté de la rue à l'autre... (*Sonnant sa femme de chambre*) Angélique, vous me ferez prendre quelques feuilles de papier Bristol, du très-fort. Je vais me remettre à faire un peu d'aquarelle.

XI

Une file de fiacres passe devant nous, et, comme nous avons aperçu à une portière une tête blonde, ceinte de la couronne virginale des épousées, nous nous hâtons de prendre place auprès du cocher.

La noce met pied à terre au bois de Boulogne, et, dans un ordre parfait, comme un pensionnat en promenade, elle se dirige vers la cascade. Là, pendant que chacun se repaît du spectacle de l'eau qui tombe, le couple amoureux a disparu dans les ténébreuses profondeurs de la grotte. Qu'y fait-il? Le mari, arc-bouté sur ses jambes, appuie fortement un genou contre la muraille de roche; la mariée a posé sur cet échelon solide son pied délicat, et, à six pieds du sol, avec la pointe d'un couteau, elle inscrit ces deux noms :

ARTHUR GODEAU, HÉLOISA POIRET.

Mais pourquoi Arthur, et comment ce nom vient-il s'offrir à l'esprit de l'épousée, puisque son mari s'appelle Thomas?

~~~

Nous avons quitté le bois de Boulogne.

Dans le jardin des Tuileries, nous voyons une jeune femme qui est sortie pour promener ses enfants, et rencontre par hasard son petit cousin;

Au jardin du Luxembourg, un rapin débraillé
~~~

qui fait une déclaration d'amour à une dame, et fume tout à la fois une pipe culottée;

Dans les allées de l'Observatoire, un fantassin jaloux, en train de s'expliquer avec sa payse pendant que son camarade garde le marmot;

Partout où il y a de l'ombre et de la verdure, partout où l'on se promène, nous assistons à des scènes à peu près semblables. Mais nous sommes arrivés en un lieu où il est urgent que nous fassions une station.

HALTE ONZIÈME

PLACE ROYALE

SCÈNE PREMIÈRE

Sarah, jeune fille d'apparence honnête, assise sur un banc; Charles, jeune homme bien mis, rôdant autour d'elle; Coco, bambin de huit ans, jouant au cerceau.

CHARLES.

Délicieuse créature! (*Il passe.*) Elle a levé sur moi ses grands yeux noirs tout surpris. Quelle grâce charmante dans son attitude! quelle suave expression de candeur sur son visage éblouissant d'une virginale jeunesse !... (*Il repasse.*) Une madone de Raphaël !... et pas plus de seize ans !... Mais comment l'aborder; elle tricote une paire de bas en surveillant son petit frère : c'est une fille honnête.

(Il poursuit sa promenade circulaire et continue d'admirer Sarah de dos, de face, de trois quarts et de profil.)

SARAH, le guettant du coin de l'œil.

Voilà huit jours qu'il tourne autour de moi sans oser me rien dire. Faut-il qu'un homme soit jojo!.. Pas moins, il est temps que ça finisse. (*Appelant d'une voix flûtée :*) Coco ! viens ici. Oh! la petite peste ! comme il a arrangé sa blouse. (*Elle secoue son petit frère et lui parle tout bas dans l'oreille.*) Tu as bien entendu, Coco ?

COCO.

Et j'aurai pour deux sous de galette?... tu vas voir?

(Coco part en poussant devant lui son cerceau, et va se jeter tout courant dans les jambes de Charles.)

COCO par terre.

Oh! là là! oh! là là!

(Charles s'empresse de le relever; Coco crie de toutes ses forces et se laisse peser de tout son poids sur les bras de Charles; Sarah accourt.)

SARAH.

Oh! le vilain étourdi! il a une grosse bosse à la tête. Est-ce qu'on se jette comme ça dans les jambes du monde?.. (*A Charles.*) Monsieur, je suis bien fâchée...

CHARLES.

Comment donc! c'est moi qui suis coupable de maladresse. J'aurais dû me détourner.

SARAH.

Vous ne pouviez pas, puisque Coco vous est arrivé par derrière.

COCO.

Oh! là là! oh! là là.

CHARLES.

Pauvre petit, il s'est fait très-mal. Il lui faudrait

un bâton de sucre d'orge et des gâteaux... Vous permettez, mademoiselle.

(Il prend Coco par la main, et va faire avec lui quelques emplettes à la boutique du marchand de jouets et de brioches, puis il le ramène à Sarah qui est retournée s'asseoir sur le banc.)

SARAH.

As-tu bien dit merci au monsieur?... Va jouer à présent, et prends garde de ne plus tomber.

CHARLES, s'asseyant auprès de Sarah.

Monsieur Coco est un enfant charmant... Vous venez ici tous les soirs?

SARAH.

Oui, monsieur, pour garder mon petit frère... et puis on est très-bien à travailler au soleil.

CHARLES.

Mais oui... pas mal, en se mettant à l'ombre.

SARAH.

C'est si joli la place Royale.

CHARLES, à part.

O naïveté sublime de la grisette vertueuse, et ignorante de tous les plaisirs.

SARAH.

Vous ne trouvez pas? Pourtant vous y venez souvent aussi.

CHARLES.

J'aurais peur de vous fâcher, si je vous disais que la place Royale n'a pour moi de charmes que depuis que je vous y ai rencontrée.

SARAH, *avec l'accent de la pudeur alarmée.*

Monsieur !.. (*A part.*) Va donc !.. grand jojo.

SCÈNE II

Un mois plus tard, dix heures du soir. Une chambre de garçon. — La porte s'ouvre mystérieusement, Sarah paraît, puis Charles.

SARAH.

Oh! comme j'ai peur! Si papa et maman et mes frères allaient apprendre... J'aurais dû ne jamais venir chez toi. Je me l'étais juré.

CHARLES.

Rassure-toi, mon ange chéri... il n'y a nul danger.

SARAH.

C'est que tu ne les connais pas, Charles, Jacob et Siméon sont si violents ! Jacob et Siméon, ce sont mes frères. Quant à papa, il me l'a dit vingt fois : « Si je te surprenais avec un jeune homme, je te tuerais de ma main... et lui aussi. » Tiens, j'ai trop peur, laisse-moi m'en aller.

CHARLES, un peu ébranlé.

Tu me dis des choses... mais non, c'est trop bête après tout. Voyons! on ne t'attend pas chez toi avant onze heures... Personne ne nous soupçonne,

Coco n'a pas jasé ?... (*Résolument.*) Eh bien ! alors ôte ton chapeau.

(Un quart d'heure s'est écoulé. Charles prépare du thé et Sarah grignote un baba au rhum. On entend un grand bruit dans l'escalier, puis la porte est ébranlée par des coups violents. Sarah pousse un cri de terreur, Charles s'efforce de lui imposer silence.)

VOIX MENAÇANTE, en dehors.

Ouvrez, où nous enfonçons la porte.

(Charles va ouvrir, un peu pâle. Irruption dans la chambré de toute la famille de Sarah.)

LE PÈRE DE SARAH, jargonnant comme les juifs d'Allemagne, et levant les bras au ciel d'un air désespéré.

Où se cache-t-elle, l'infâme qui déshonore mes cheveux blancs ?

LA MÈRE DE SARAH, même jeu.

Mon fille ! rendez-moi mon fille !

JACOB ET SIMÉON, très-sombres.

Punissons les coupables.

LE PÈRE DE SARAH

Ia! que Jacob aille tute de suite chercher le commissaire.

(Scène de tumulte pendant laquelle Charles, qui avait voulu se rapprocher de la porte, est refoulé avec Sarah jusqu'au fond de sa chambre.)

CHARLES, très-ému et faisant un vain effort pour simuler le sang-froid.

Mais enfin ! que voulez-vous ? qu'exigez-vous de moi ? parlez.

LE PÈRE DE SARAH.

Le commissaire!

LA MÈRE DE SARAH.

Mon pauvre fille qui avait tuchurs été si sage! Le commissaire !

JACOB ET SIMÉON.

Le commissaire !

CHARLES, arrive au paroxisme de la terreur.

Le commissaire ! le commissaire ! mais c'est stupide... puisque je suis à votre discrétion... et que je m'offre à vous donner toutes les réparations que vous voudrez.

(Moment de silence et d'anxiété. Les parents de Sarah se sont réunis en groupe et se consultent à voix basse.)

LA MÈRE DE SARAH.

Si c'est ine honnête homme, on pourrait s'arrancher avec lui tute même.

LE PÈRE DE SARAH.

Ja, il tonnerait ine robe te soie à Sarah, tes retincotes te trap à Jacob et à Siméon, et il me signerait ine petite pillet te cinq cents francs.

SCÈNE III

(Dans la rue Saint-Louis. Charles, un ami.)

CHARLES.

Oui, mon bon, c'est ainsi que s'est dénouée ma liaison avec Sarah. Mais je ne lui en veux pas. Pauvre fille ! Je sais bien qu'elle est innocente. C'est cet affreux Coco qui nous a vendus.

10.

L'AMI.

Tu coupes là-dedans, toi. Allons donc ! Sarah t'a fait chanter.

CHARLES, *indigné.*

Oh !... une enfant si jeune ! tant de candeur, de naïveté...

L'AMI.

Entres-tu là avec moi? C'est un de mes amis sculpteur... il a maintenant un ravissant modèle.

SCÈNE IV

L'atelier du sculpteur. Le sculpteur devant sa selle pétrit de la glaise ; sur la table, le modèle pose en costume d'Ève. Entrent Charles et son ami, mais Charles, frappé de stupeur, s'arrête sur le seuil.

L'AMI.

Eh bien ! qu'est-ce qu'il te prend ?

CHARLES.

C'est Sarah !

XII

Ici les maisons ne s'alignent plus en file serrée, et les tuyaux de cheminée n'ont pas la prétention de crever les nuages.

Pas plus de trois étages, des cours, des jardins, de l'espace ; le bêlement des chèvres, le chant des coqs, et dans l'air, un parfum qui sent le village. Peut-être pourrions-nous, en nous haussant un peu, là-bas apercevoir les blés.

Nous explorons les banlieues, régions chères aux bourses mal garnies.

Chaque matin, l'impériale de ces omnibus emporte, vers tous les points de la ville, une nuée de petits employés, caissiers, teneurs de livres, comptables de toutes sortes d'administrations.

Nous pénétrons dans l'intérieur modeste d'un de ces travailleur opiniâtres aux maigres émoluments, au paletot râpé, qui ont toute notre sympathie.

HALTE DOUZIÈME

VAUGIRARD

SCÈNE PREMIÈRE

Un intérieur modeste. Chevillot, employé ; Caroline, sa femme.

CAROLINE.

Comme tu rentres tard, mon ami ! le dîner est prêt depuis une heure.

CHEVILLOT.

Ne gronde pas !... c'est que j'ai fait le grand

tour... Tiens! devines-tu ce qu'il y a là-dedans?... (*Il développe un paquet qu'il tenait sous le bras.*)

CAROLINE.

Un pâté de gibier... et des truffes! que signifie?....

CHEVILLOT.

Consulte le calendrier... le troisième anniversaire de notre mariage, ma petite Caroline! (*Il l'embrasse et tire de sa poche une bouteille cachetée.*) Fêtons cet heureux jour.

CAROLINE.

C'est gentil de ta part, mais... tu as payé tout ça cher!

CHEVILLOT.

Ça ne te regarde pas. J'avais fait des économies... Je voulais aussi te rapporter un mantelet, mais j'ai pensé qu'il valait mieux te le laisser choisir. J'ai l'argent dans ma poche.

CAROLINE.

Bon chéri ! aide-moi à mettre le couvert.

(Ils font les apprêts du dîner avec une gaieté folâtre, et s'attablent côte à côte comme deux amoureux. Bruit joyeux de cuillères et de fourchettes Le potage ne fait que passer, le bœuf aux carottes est renvoyé dédaigneusement à la cuisine.)

CAROLINE, croquant une aile de perdreau.

Il est délicieux, ton pâté !

CHEVILLOT, dégustant son vin.

On ne m'a pas volé, c'est du vrai bordeaux.

CAROLINE.

Comme c'est bien à toi d'avoir songé à l'anniversaire de notre mariage !

CHEVILLOT.

N'est-ce pas que nous allons passer une bonne petite soirée!... J'avais songé à te faire dîner dans un bon restaurant et à te conduire au spectacle... Mais quand on n'est pas riche... Bah! ça n'est pas la richesse qui fait le bonheur.

CAROLINE, songeuse.

Oh! non... Mais dis-moi, Édouard, combien astu pour mon mantelet ?

CHEVILLOT, triomphant.

Cinquante francs.

CAROLINE.

Cinquante ?

(Un silence. Caroline cesse de manger, Chevillot se verse coup sur coup des rasades de bordeaux.)

CAROLINE.

J'ai rencontré aujourd'hui madame Griffard. Elle avait un châle tapis magnifique.

CHEVILLOT.

Parbleu ! son mari est passé sous-chef de bureau. Il est maintenant à cinq mille.

CAROLINE.

A la bonne heure! voilà des appointements... Mais toi, Édouard, pourquoi ne deviens-tu pas sous-chef?

CHEVILLOT, mécontent.

Pourquoi? pourquoi?... Ça n'est pas faute de me donner de la peine.

CAROLINE.

Monsieur Griffard n'est pas plus ancien que toi à l'administration... et il n'a pas des moyens extraordinaires.

CHEVILLOT.

Tu pourrais dire qu'il est d'une incapacité notoire ; mais sa femme a pris le bon moyen pour le faire avancer. Tu connais l'humeur de notre chef de service. Il n'a rien à refuser à une jolie femme qui lui présente sa requête d'une certaine façon.

CAROLINE.

Vraiment ! Tu supposerais que madame Griffard...

(Nouveau silence. Une ride se creuse sur le front poli de Caroline.)

CHEVILLOT.

Tu ne dis plus rien ? A quoi songes-tu ?

CAROLINE.

Cinq mille francs !... On peut avoir une bonne,

renouveler ses toilettes... Je ne suis pas ambitieuse, mais quand on voit qu'on a beau être économe, se priver de tout, porter des chapeaux de deux ans et des robes fanées... C'est la nourriture qui coûte cher. (*Changeant brusquement de ton.*) Eh bien ! tu as bu toute la bouteille ?

CHEVILLOT, piqué.

Je croyais aujourd'hui pouvoir me permettre...

CAROLINE.

Je ne te le reproche pas. Seulement je te fais remarquer que si tu avais été raisonnable, elle aurait pu te faire deux jours. Moi, j'ai ménagé le pâté.

CHEVILLOT.

C'est bon, je me tiendrai pour averti. Sortons-nous un peu ?

CAROLINE.

Mon Dieu, oui. Qu'est-ce que nous ferions chez nous?

CHEVILLOT.

Faut-il t'aider à ôter la table?

CAROLINE.

Tu me gênerais, merci.

SCÈNE II

Sur le boulevard. — Chevillot et Caroline arrêtés devant l'étalage d'un magasin de nouveautés.

CHEVILLOT.

C'est ridicule, c'est affreusement laid, et je ne comprends pas qu'une femme de goût...

CAROLINE.

C'est très-joli, très-distingué... mais il suffit qu'une

chose coûte cher pour qu'elle te déplaise... Tu peux être tranquille, va, je ne dépasserai pas la somme que tu m'as fixée.

CHEVILLOT.

Non, vrai, ce n'est pas à cause du prix ; mais je trouve ça hideux.

CAROLINE.

Je suis sûre que tu préfères ces châles de barége à dix-huit francs et ces burnous à vingt-deux.

CHEVILLOT, d'un accent convaincu.

Certainement.

CAROLINE.

Vous m'impatientez!

CHEVILLOT.

Ne te fâche pas. Est-ce que c'est là que tu vas entrer ?

CAROLINE.

Là ou ailleurs, peu m'importe.

CHEVILLOT.

C'est que je n'aime pas beaucoup à entrer avec toi dans les magasins... Tu te fais montrer une quantité d'objets et tu marchandes... Je flânerai en t'attendant.

CAROLINE.

Il ne faut pas te gêner pour moi... Quand tu

m'accompagnes, j'achète mal... je veux trop me presser... J'aime autant être seule.

CHEVILLOT.

C'est ça, nous nous retrouverons à la maison.

CAROLINE.

Je tiens à voir encore quelques magasins... J'en aurai pour une heure tout au plus.

CHEVILLOT.

Oh! donne-toi le temps, moi j'irai prendre quelque chose dans un café.

(Ils se séparent, allant chacun dans une direction opposée; et tous deux prennent une allure plus leste et une physionomie plus joyeuse aussitôt qu'ils se sont tourné le dos.)

CAROLINE.

J'achèterai mon mantelet dans ce magasin où il y a un jeune homme qui a de petites moustaches et de si beaux yeux noirs!...

CHEVILLOT.

Si j'allais au caboulot de la rue....... C'est un peu loin. Mais j'ai remarqué au comptoir une petite femme qui est gentille... et décolletée ! Je regarderai ses épaules en prenant mon café.

XIII

Nous avons traversé Montrouge, Chaillot et les Thernes, entrevu la plaine de Grenelle et respiré l'air des champs.

Ceci nous a mis en humeur de vagabondage, et, comme nous rencontrons un chemin de fer sur notre route, nous ne pouvons nous retenir de monter en wagon.

Les chalets, les villas, les maisons de plaisance fuient derrière nous ; les horizons brumeux se dévoilent, et nous montrent d'autres chalets, d'autres villas, d'autres maisons de plaisance.

Nous avançons toujours; nous traversons de verdoyantes campagnes, où les Parisiens, amoureux des plaisirs de la villégiature, vont chercher un refuge contre les chaleurs de l'été.

HALTE TREIZIÈME

A CENT LIEUES DE PARIS

SCÈNE PREMIÈRE

Un chemin vicinal, ornières profondes, tas de cailloux; des ormes et des peupliers. La lune et les étoiles. — Monsieur Lecamus et le vicomte Octave, marchant l'un vers le nord, l'autre vers le sud, se croisent au milieu du chemin.

MONSIEUR LECAMUS, riant avec un bruit de grosse caisse, et saisissant le vicomte Octave au collet.

Ah! ah! mon gaillard, vous ne vous attendiez pas à me rencontrer! Çà, où allez-vous ainsi?

LE VICOMTE OCTAVE.

Mais... nulle part; je me promène.

MONSIEUR LECAMUS.

A d'autres. Je ne vous lâche point que vous ne m'ayez dit votre secret.

LE VICOMTE OCTAVE.

Puisque vous y tenez absolument, je vais...

(Il achève dans l'oreille de M. Lecamus.)

MONSIEUR LECAMUS, avec une explosion d'allégresse.

L'une de vos jolies fermières! j'en étais sûr. C'est tout comme moi. — Vous connaissez Mathurine?... Chut! soyez discret. Au revoir et bonne chance!

LE VICOMTE OCTAVE.

Bonne chance!

(Ils se tournent le dos et continuent leur voyage.)

SCÈNE II

La façade de la maison de M. Lecamus. — Le vicomte Octave gratte doucement à une persienne du rez de-chaussée. Cette persienne s'entr'ouvre, et une jeune femme paraît.

LA JEUNE FEMME.

J'ai peur, Octave; je ne sais où *il* est allé. S'il revenait!

LE VICOMTE OCTAVE.

Ne crains rien, mon Hélène, je viens de *le* rencontrer.

(La persienne s'ouvre tout à fait et se referme sur le vicomte Octave, qui est entré par la fenêtre.)

SCÈNE III

Une cour de maison de ferme; au fond, bâtiment d'habitation; à droite et à gauche, granges et écuries; la niche de Sultan dans un coin.

LE MARI DE MATHURINE, se promenant avec agitation, les deux mains dans ses poches.

Eh bien! quoi? Qu'est-ce que je devons faire?... Ça m'a mis tout sens dessus dessous ce que m'a raconté Mathurine... D'abord j'ai dit: *p't-être*. On verra, on réfléchira. Et à présent v'là que je dis non! — Si ce n'était c'te mauvaise grêle qui a ravagé les récoltes, j'aurais dit à Mathurine : Un bouquet de giroflée à cinq feuilles, v'li! v'lan! v'là ce qui lui faut. Oui, mais... la grêle!... Je ne peux point payer nos fermages, et ils ont le cœur dur ces enjôleurs de femmes... Mathurine fera tout qu'est-ce je voudrai, mais elle ne veut point me donner son avis. — C'est-y donc embarrassant! (*Il allume sa pipe et tire rageusement quelques bouffées de tabac.*) Les blés n'ont pas rendu! Et pas de foin. Si encore il y avait eu des seigles... Mathurine prétend qu'il n'y a plus d'espoir relativement aux colzas. (*Allongeant un furieux coup de pied dans le soc d'une charrue.*) Eh bien! après! Quand je n'aurions point de colzas... Nom d'un nom! tant pis! je vas détacher Sultan.

SCÈNE IV

Même décor que le précédent. La lune se cache derrière un nuage, et la chouette fait entendre à trois reprises son cri lugubre. — Une porte bâtarde s'entrouvre et M. Lecamus apparaît.

M. LECAMUS.

Elle a glissé sur ses gonds sans faire le moindre bruit, on y avait mis de l'huile... Personne dans la cour... Ah! Sultan. — Je suppose que Mathurine a tenu ses promesses, et qu'elle a pris soin que sa chaîne tienne bien à son cou. (*M. Lecamus fait quelques pas en avant, et soudain, avec un bond de surprise, il porte les mains à la partie la plus charnue de son individu.*) — Aie! aie! aie!

SULTAN.

Grrron, grrron, grrron.

XIV

Nous avons traversé rapidement Montrouge, Chaillot, Grenelle et les Thernes. Mais aux Batignolles, nous nous sommes arrêtés un moment pour pénétrer dans une maison bourgeoise entre cour et jardin. Monsieur et Madame ont formé le projet de passer la soirée au spectacle, et leur cuisinière, une grosse Normande, compte bien mettre à profit leur absence.

Or, en arrivant à Paris, Monsieur se sentira subitement indisposé. Ne voulant point priver Madame d'un plaisir, il la confiera aux soins de son ami, passera par le Palais-Royal pour y acheter une paire de boucles d'oreilles, et retournera en toute hâte faire une surprise à la Normande, qu'il surprendra avec un brigadier de dragons.

Alors, il voudra rejoindre son ami et sa femme, et, par un juste châtiment, ce n'est pas au spectacle qu'il les trouvera.

Nous rentrons à Paris par Montmartre. Voici la rue Blanche, Notre-Dame-de-Lorette, le quartier aimé des jeunes oisifs et de la fashion artistique.

HALTE QUATORZIÈME

QUARTIER BREDA

—

SCÈNE PREMIÈRE

Chez Alphonsine

ALPHONSINE, découlant les rideaux d'une fenêtre et jetant un regard dans la rue.

Les murs flambent et les pavés brûlent... Trente-deux degrés!... Un temps à ne pas oser mettre de poudre de riz. (*Retombant découragée sur sa causeuse.*) Ah! la canicule!... Je suis éreintée, moi!

Je ne demanderais qu'à faire le lézard, à l'ombre, moi!

(Elle bâille et ferme les yeux. Bruit de soupirs et de ronflements légers. Puis Alphonsine s'agite et pousse des exclamations entre-coupées. Alphonsine rêve.)

Chœur de meubles meublants et d'objets mobiliers. — Alphonsine! Alphonsine! Tu dors... Et le tapissier? et l'ébéniste, et la lingère, et la couturière, et le porteur d'eau?..... (*Crescendo*). Pas payés? pas payés! pas payés!

Solo de porte-monnaie (*allegretto*). Panne constitutionnelle. Pas un monaco.

Idem de papier timbré (*fieramente*). — Ton propriétaire a des huissiers dans sa famille!...

Une robe de soie, un chapeau, un châle cachemire, paire de bas et bottines à bouffettes. (*Con dolore.*) — Nous sommes fanés, bosselés, usés, frangillés, troués, éculés... Ah! elles ont un cœur de pierre les revendeuses à la toilette!

Un peignoir de batiste (*dolce espressione.*) Il faut absolument qu'on me blanchisse. Il le faut.

Toutes sortes de petites boîtes et de petits pots (*sotto voce*). — Les parfumeurs ne font pas crédit. Prends garde!... Que deviendrait ta beauté?

Reprise du chœur. — Pas payés! pas payés! pas payés! (*Crescendo forte.*) Debout, paresseuse! debout!

ALPHONSINE, se réveillant en sursaut et se détirant les bras.

On y va. (*Elle se lève et d'un pas traînant marche vers son armoire. Commençant à se faire les sourcils devant la glace.*) Dieu que c'est tannant! par la canicule. (*Elle s'agrandit les yeux et se peint le visage.*) Pourtant on se repose dans tous les états. Les boutiquiers font le dimanche, les ouvriers font le lundi. Avocats, professeurs... tout ça a des vacances!...

SCÈNE II

Chez l'amie d'Alphonsine. — Alphonsine entre vivement et court d'un air inquiet se placer en face d'une glace.

ALPHONSINE, rassurée.

Quelle bête d'invention ! ce soleil... On croit toujours avoir fondu dans la rue. A la bonne heure le gaz !... Tu viens avec moi ?

L'AMIE.

Faut bien !

(Elles se laissent tomber sur le divan et poussent des soupirs lugubres.)

ALPHONSINE.

Qu'est-ce que tu as fait hier ?

L'AMIE.

Six heures de canot sur la Seine et une dînette dans les prés... une dînette au champagne, et fallait boire. C'est dur.

ALPHONSINE.

Moi j'ai été aux courses et j'ai soupé. Ne te plains pas.

(Un silence. L'amie achève sa toilette et fait quelques retouches au visage d'Alphonsine.)

L'AMIE.

Ça tiendra. Partons.

ALPHONSINE.

Dieu ! que ça m'embête !

L'AMIE.

Et moi !

SCÈNE III

Boulevard des Italiens. — Encombrement de voitures sur la chaussée, encombrement de gandins sur le trottoir. Alphonsine et son amie, bien cambrées et la tête haute, circulent d'un pas ferme au milieu de la foule.

ALPHONSINE.

Je ne peux plus me traîner. Je tombe si on ne me met en voiture.

L'AMIE.

Je meurs de chaud si on ne m'offre une glace.

ALPHONSINE.

Ces deux messieurs qui viennent à nous... Ils passent!

PREMIER MONSIEUR, fredonnant

Le cerf à l'eau,
Le cerf à l'eau.

DEXUIÈME MONSIEUR, continuant l'air.

Ta ra ta ta
Ta ta ta ta ta ta

ALPHONSINE.

Des chefs de rayon. Ça vient ici faire son marquis : je les connais.

DEUX AUTRES MESSIEURS, passant.

Jolis pastels ! C'est frais, c'est velouté, mais ça déteint.

ALPHONSINE.

Des artistes. Ça n'a pas le sou et ça dit des impertinences aux femmes : je les connais.

DEUX AUTRES MESSIEURS.

Jolies femmes ! A qui il ne manquerait rien, si elles trouvaient ce que cherchait Diogène.

ALPHONSINE.

Un agent de change et un journaliste. Des hommes charmants ! J'ai soupé avec eux.

L'AMIE.

Ils passent !

ALPHONSINE.

Oh ! si j'avais de quoi me payer un remise !

L'AMIE.

Quoi faire dans un remise ?

ALPHONSINE.

Es-tu simple ! On accroche un phaëton.

(Elles descendent les boulevards, traversent la place de la Concorde et entrent dans les Champs-Elysées. Elles n'ont rien perdu de leur prestance majestueuse.)

ALPHONSINE.

Est-ce que tu irais encore loin comme ça ! toi ?

L'AMIE.

Je buterais comme un vieux cheval, si je ne me surveillais pas.

ALPHONSINE, vivement.

Des Anglais !

(Deux Anglais passent, mais ils sont forcé de se retourner parce que l'un d'eux entraîne Alphonsine accrochée par une dentelle à un bouton de son habit. Pantomime muette, mais expressive. Quatuor de sourires et œillades. Les Anglais échangent quelques mots rapides dans leur idiome harmonieux.)

PREMIER ANGLAIS, *très-galant.*

J'étais très-content d'avoir déchiré la dentelle pour faire connaissance avec vô.

DEUXIÈME ANGLAIS, *de même.*

Pour offrir le bras à vô et faire la petite promenade avec vô.

ALPHONSINE.

Enfin !... Mais que c'est tannant... par la canicule !

XV

Pourtant, elles ne sont pas toutes si misérables. Il en est dont on paye cher les sourires. Mais celles-là même qui possèdent le mieux l'art de fouiller dans les coffres-forts, ne savent pas retenir à elles la fortune : le ruisseau d'or glisse entre leurs doigts.

Ici habite une danseuse, là une figurante d'un petit théâtre; toutes deux en usent de la même façon avec l'homme qui les aime et celui qu'elles aiment.

Elles travaillaient à ruiner le premier, et se laissent voler par le second.

La plupart de ces dames passeront un jour les ponts, pour prendre un engagement dans le corps du *balai*, rue Mouffetard.

Mais parmi ces jolies pécheresses, nous cherchons une Madeleine repentante, et nous traversons les boulevards, où nous reviendrons tout à l'heure.

HALTE QUINZIÈME

RUE DE LA PAIX

SCÈNE PREMIÈRE

Un boudoir élégant. — Madeleine, Frédéric, jeune baron allemand.

MADELEINE.

La misère est une si horrible chose, Frédéric !... J'avais lutté contre elle et je lui ai cédé par lâcheté, par amour de la vie... Je ne te dis pas cela pour tenter de m'excuser à tes yeux. Oh ! non ! je suis juste envers moi-même. Je veux seulement que tu me pardonnes de ne pas avoir eu le courage de mourir.

FRÉDÉRIC, fort accent allemand.

Pauvre ange! te pardonner!... mais je t'admire et je t'aime, toi qui as pu tomber dans la fange sans y souiller tes ailes... Je t'admire et je t'aime, et je hais et je maudis l'humanité égoïste et brutale dont les vices ont causé ta chute. Tu n'es pas coupable, Madeleine. Tu es une victime.

MADELEINE.

Non, Frédéric, je te dis que j'ai été lâche. J'ai voulu vivre, et j'ai livré ce précieux trésor de pureté et d'innocence que je voudrais aujourd'hui racheter au prix de tout mon sang... Hélas! pour une telle faute, il n'est pas d'expiation. (*Elle se cache la tête dans les mains.*)

FRÉDÉRIC.

Que parles-tu d'expiation, pour une faute qui

n'est pas la tienne !... Tu ne dois connaître ni la honte ni le remords. Pleure sur le passé, Madeleine, comme sur un malheur dont la fatalité seule est responsable, et ne crains pas que tes larmes m'apportent jamais un souvenir cruel. Elles te rendront plus chère à mon cœur, parce qu'elles me révéleront combien tu as souffert. Ton malheur même te fait plus séduisante, il augmente les charmes qui sont en toi... Une jeune fille ignorante, si belle, si pure qu'elle soit, est-ce qu'on pourrait l'aimer comme je t'aime !... Sot préjugé ! celui qui met au-dessus de tout la possession d'une banale vertu !... Ils t'ont fait subir d'infâmes souillures, Madeleine, mais ils n'ont pu toucher à ton âme. Ton âme est sans tache, elle n'appartient qu'à moi seul.

MADELEINE, avec un accent exprimant à la fois l'ivresse de l'amour et l'amertume du désespoir.

Mon Frédéric ! Que ne t'ai-je connu plus tôt !

FRÉDÉRIC, très-exalté.

Pauvres femmes, qu'on flétrit du nom de courtisanes, la société injuste vous repousse; le moraliste idiot vous condamne, le débauché cynique qui vous a poussées dans l'abîme vous calomnie. Pour vous point de pardon. Ils veulent, les barbares et les insensés, que la tache d'infamie qu'ils ont eux-mêmes imprimée sur votre front soit indélébile. Ils ne vous permettent pas de vous purifier par l'amour. La réhabilitation de la courtisane! mon ami Prosper, dans son langage grossier, appelle ça une vieille balançoire. (*Avec un redoublement d'énergie.*) Non vous n'êtes pas des êtres avilis, dégradés et totalement gangrénés par la corruption. Que les cœurs desséchés par l'expérience, que les blasés sans croyances et sans foi vous jettent l'injure et le blasphème. Moi, j'ai vingt ans, j'ignore la vie, et je proclame que dans les corps souillés on trouve les âmes d'élite. (*Mettant un genoux en terre.*) Tu es pure, tu es chaste, Madeleine, tu as toutes les délicatesses et tous les héroïsmes. Je te comprends, je t'aime et je t'absous.

SCÈNE II

Six mois après. Le même boudoir encore plus élégant. — Madeleine, une amie de Madeleine.

L'AMIE.

Ma chère, je viens de rencontrer ton pigeon. On l'emmenait à Clichy.

MADELEINE.

Coffré!... (*Avec un soupir d'allégement.*) Enfin! Dieu! que ce bonhomme-là était devenu collant!

13.

XVI

Nous voici de retour sur le boulevard des Italiens. Il se fait tard, nous sommes fatigués de notre longue pérégrination, et nous nous attablons au seuil d'un café.

Autour de nous sont de jeunes Parisiens, vêtus à la dernière mode d'Angleterre, élégants spécimen de la race dite des gandins. Nous prêtons l'oreille pour écouter leur conversation.

— Attendez donc, dit l'un, Clémentine! une femme qui donnait des leçons de quelque chose: musique ou grammaire... Je n'aime pas cette espèce-là, ça s'attache trop à ses amants.

— Justement, répond un second, Armand en avait par-dessus la tête, et comme il ne pouvait pas s'en débarrasser, il a imaginé de la faire enlever par la police. C'était convenu avec le petit Lucien qui avait envie de Clémentine et a été la réclamer. Maintenant, ils sont ensemble. Armand est libre, et tout le monde est content.

— Très-joli! très-joli! dit un troisième.

— Ne me parle pas des maîtresses qui lisent couramment. C'est dangereux et insipide.

— Les autres sont bien plus amusantes. Vous souvenez-vous de la petite Nichette?

— Parbleu!... J'ai dernièrement soupé avec elle. Elle est étonnante. Elle ne ménage pas les cuirs, mais elle a une verve, un entrain, et des idées!... Nous pouffions tous de rire... Croiriez-vous qu'à la fin du souper, comme on avait mis les bouteilles hors de sa portée, — pour cause, — elle a sauté sur un huilier, et s'est mise à boire à même la burette!

Je parie qu'elle a avalé de l'huile, la valeur d'un plein verre.

— Très-joli! très-joli!

Et le chœur reprend :

— Il n'y a que ces femmes-là pour être spirituelles.

~~~~

Nous quittons les gandins, dont la logique nous paraît discutable, et nous jetons les yeux autour de nous.

Paris a fait sa toilette de nuit. Le ciel est noir, les rues resplendissent, et nous voyons circuler une foule nombreuse de promeneurs.
~~~~

DERNIÈRES HALTES

LE LONG DES TROTTOIRS

SCÈNE PREMIÈRE

Un trottoir à la lueur du gaz en hiver, foule de piétons. Anatole, célibataire, enveloppé dans son cache-nez, un parapluie sous le bras.

ANATOLE.

Oh ! une cheville !... elle est bien attachée. En chasse ! (*Il reçoit un choc qui fait tomber son chapeau.*) Aïe ! Pardon monsieur, j'avais les yeux braqués... Où diable est-elle? bon! je la reconnais.

(Il arrive en bousculant le monde sur les talons d'une dame mise d'une élégance modeste.)

ANATOLE.

Fichtre! elle marche un bon pas. Madame! madame... Bien! elle prend le galop. C'est une femme honnête qui va faire une partie de loto chez la tante de son mari. Le mari est resté à la maison pour coucher les enfants et soigner ses rhumatismes. Madame!... le loto est un jeu très-ennuyeux qui ne vaut pas un quart d'heure de conversation avec un homme d'esprit... Si j'osais vous offrir mon bras? Pardonnez à ma timidité, n'ayant pas l'honneur d'être connu de vous, j'attends un mot qui m'encourage... un mot, madame, un seul mot!... Elle aime mieux changer de trottoir. C'est une vertu... Madame, vous avez tort. De ce côté les becs de gaz sont éteints. Il fait très-noir? Mais vous n'avez rien à craindre avec moi: je vous protégerai. Je ne cesserai pas de vous protéger. J'irai jusqu'à la

Bastille s'il le faut. Mettez mon héroïsme à l'épreuve. Madame!...

LA DAME, se retournant brusquement.

Monsieur!... vous n'êtes qu'un polisson.

ANATOLE.

Cristi! quarante-cinq ans... et grêlée!

SCÈNE II

Un autre trottoir. Une jeune femme immobile, Anatole traversant la rue.

ANATOLE.

De la soie, des dentelles, et un visage ravissant! Cette fois je ne crains pas d'être volé... Mais que diable fait-elle en face d'un bureau de tabac?... (*Il se trouve pris entre deux omnibus, fait un saut de côté, tombe sur un fiacre, est éclaboussé jusqu'au chapeau*) Hèep!... parbleu j'entends bien, mais je n'y vois plus. J'en ai eu plein l'œil... Bon! elle est encore là. Elle examine toujours l'étalage du bureau de tabac. Est-ce qu'elle voudrait acheter une pipe? je vais le lui demander. (*Il s'avance avec un sourire aimable et salue gracieusement en arrondissant le bras.*) Madame...

UN MONSIEUR DÉCORÉ, allure militaire, grosses moustaches, sortant du bureau de tabac, cigare aux dents et se plaçant entre Anatole et la jeune femme.

Monsieur!...

ANATOLE, intimidé.

Ah diable! je...

LA JEUNE FEMME, prenant le bras du monsieur.

Tu es désagréable, mon ami... toujours me laisser dans la rue pour allumer tes affreux cigares!

LE MONSIEUR, lançant à Anatole un regard farouche.

Si tu veux, je vais retourner lui flanquer des coups de canne.

(Anatole s'esquive prestement.)

SCÈNE III

(Un autre trottoir.)

ANATOLE, marchant tête baissée et traînant la jambe.

Je viens de suivre une duchesse... une duchesse déguisée en femme de chambre... je l'avais vue descendre d'un fiacre mystérieusement. Elle allait à ses affaires. J'ai emboîté le pas... elle n'a pas eu l'air de s'en apercevoir. J'ai été sémillant, original, rien. J'ai marché sur sa robe, rien. Je lui ai parlé sourd-muet, rien. Si j'avais pu la décider à tourner seulement la tête, j'aurais été content. Mais non, elle allait son chemin, exactement comme si je n'avais pas été là. J'ai marché dans trois ruisseaux, et je commence à m'enrhumer. (*Il éternue.*) Voilà les duchesses! (*Relevant vivement la tête.*) Des grisettes! pour le coup, j'ai mon affaire.

(Il s'arrête devant une boutique de marchand de vin, achète des marrons et se met en chasse.)

PREMIÈRE GRISETTE.

C'est à nous qu'il en veut, celui-là?

DEUXIÈME GRISETTE.

Nous avons un petit groom.

PREMIÈRE GRISETTE.

Laquelle suit-il? il faudrait savoir ça.

DEUXIÈME GRISETTE.

A qui le caniche ?

ANATOLE.

Mesdemoiselles? mesdemoiselles? (*Il éternue.*)

LES GRISETTES.

Fidèle est enrhumé.

ANATOLE.

Permettez-moi de vous offrir...

(Les grisettes tournent la tête, lui rient sous le nez et continuent leur route.)

ANATOLE, les suivant.

Un marron, deux marrons, trois marrons... vous n'en voulez pas? hein! Comment avez-vous dit?...

(*S'arrêtant indigné.*) Par exemple! Fi! les grisettes mal élevées!... (*Il éternue et mange ses marrons.*) Onze heures du soir! et rentrer bredouille! Ce n'est pas faute d'avoir battu le terrain... Les bourgeoises me traitent de polisson, les femmes mariées veulent me faire donner des coups de canne, les duchesses sont de marbre et les grisettes m'appellent... (*Avec une tristesse profonde.*) Où sont-elles donc les aventures d'amour qu'on trouve sur les trottoirs de Paris!...

XVII

Et maintenant, ami lecteur, nous ne faisons aucune difficulté de t'avouer que, sans changer notre itinéraire, nous aurions pu assister à des scènes touchantes, à des spectacles émouvants.

Si nous avons fermé volontairement les yeux pour ne pas voir l'amour vrai, noble et désintéressé, cela ne prouve point que nous nions son existence.

Cet amour-là, nous le connaissons ; nous l'avons coudoyé dans la rue ; nous l'avons trouvé dans les salons luxueux aussi bien que dans les pauvres mansardes; nous l'avons vu rayonnant de fierté et de bonheur à rendre un dieu jaloux ; nous l'avons vu, pâle et morne, rôder la nuit sur les ponts sinistres, et creuser du regard l'eau profonde.

Nous le tenons pour ce qu'il y a de meilleur et de plus grand, et c'est même pour cette raison que nous avons évité soigneusement sa rencontre, agissant, en cela, comme le peintre satirique en quête de grotesques, qui n'a maille à partir avec les honnêtes et beaux visages.

Donc, ami lecteur, notre livre ne s'en fait point accroire. Il sait fort bien qu'il ne contient pas une idée sérieuse ; il n'a voulu blesser personne, il n'a pas essayé de prouver quelque chose ; et, sûr de son innocence, il réclame de toi l'indulgence que tu accorderais à l'album d'un caricaturiste.

FIN.

TABLE

FIN DE LA TABLE

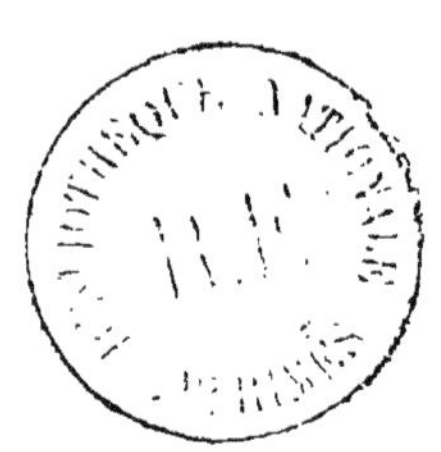

Paris. — Imprimerie Vallée et Ce, 15, rue Breda.

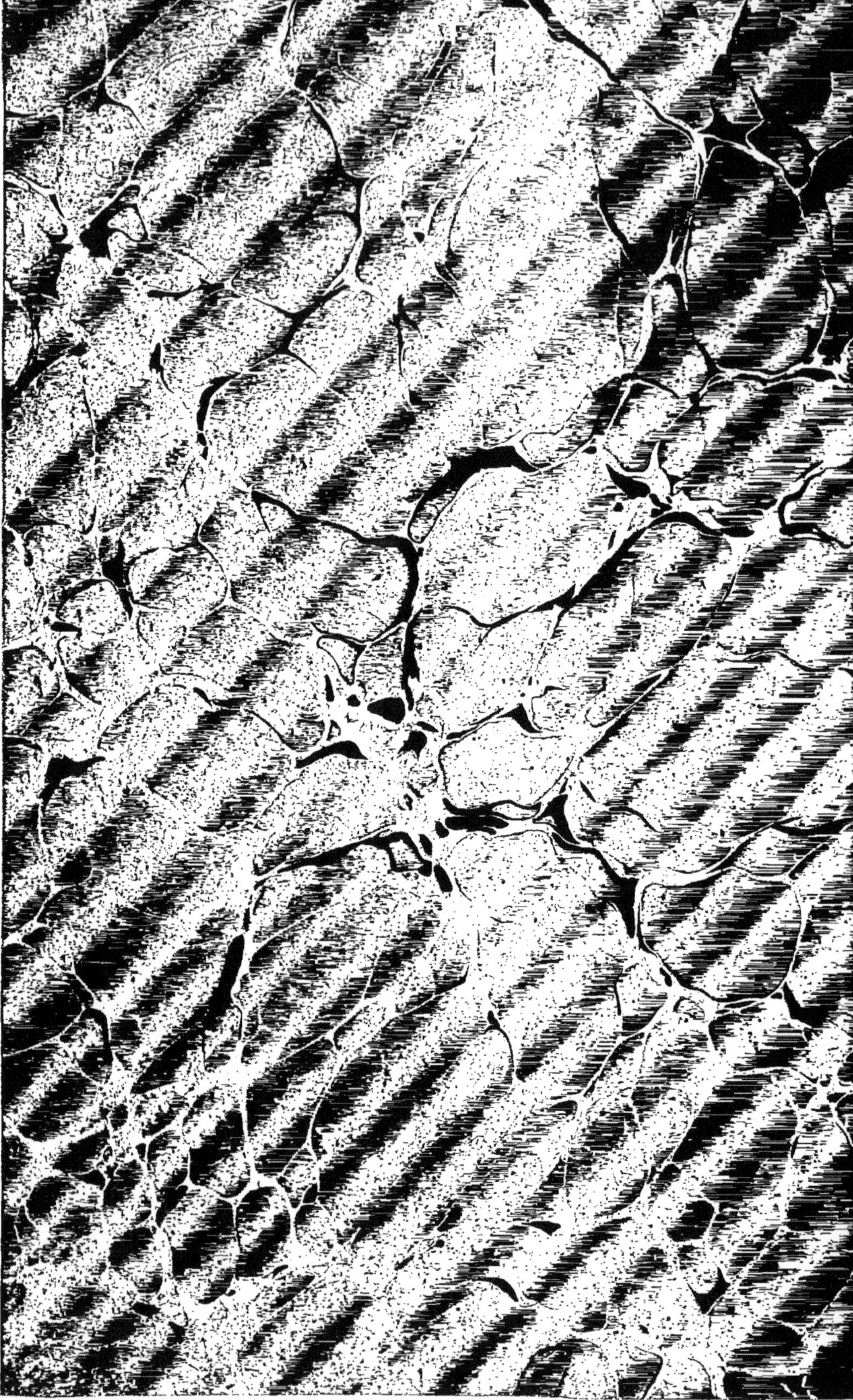

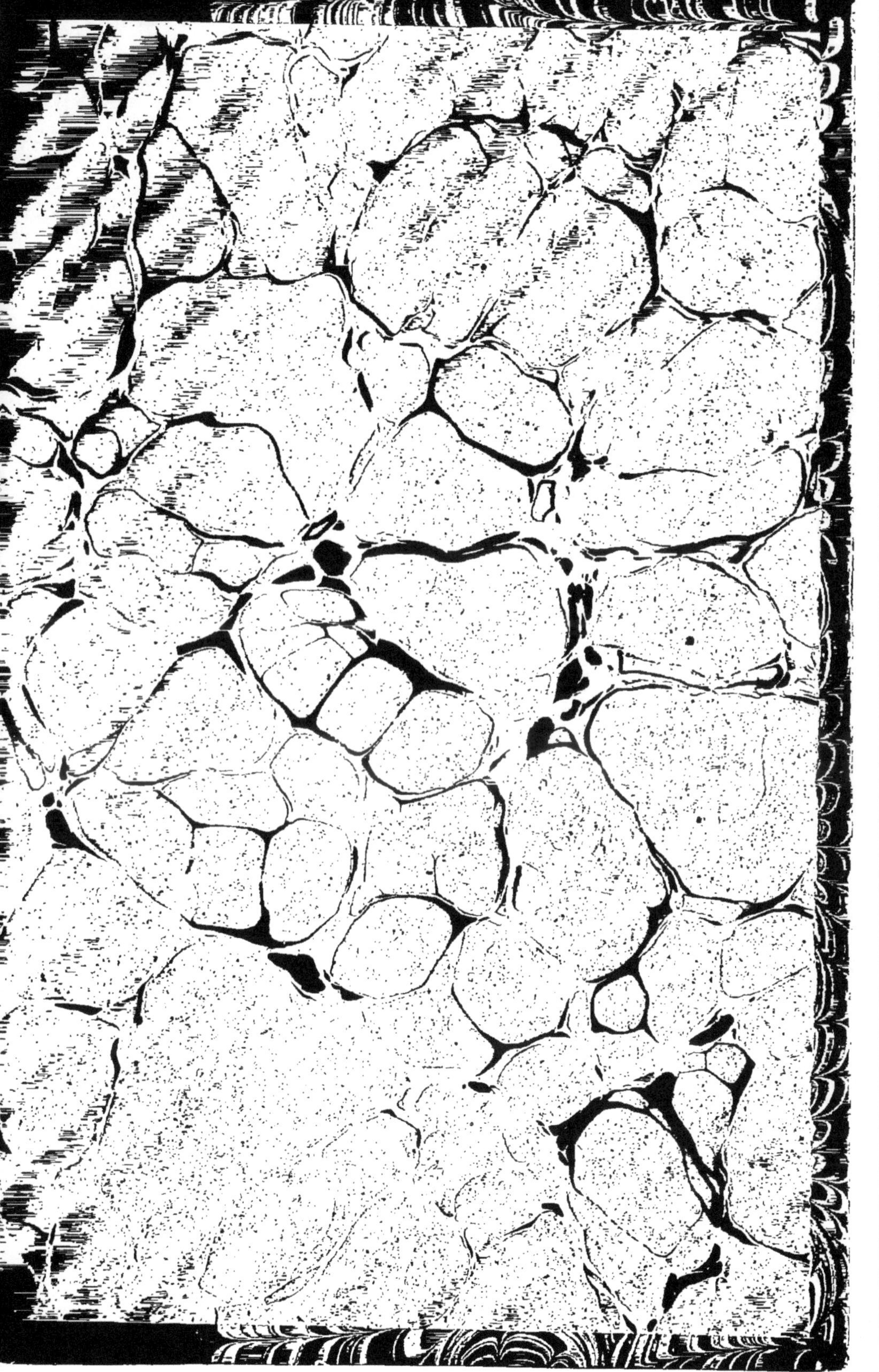

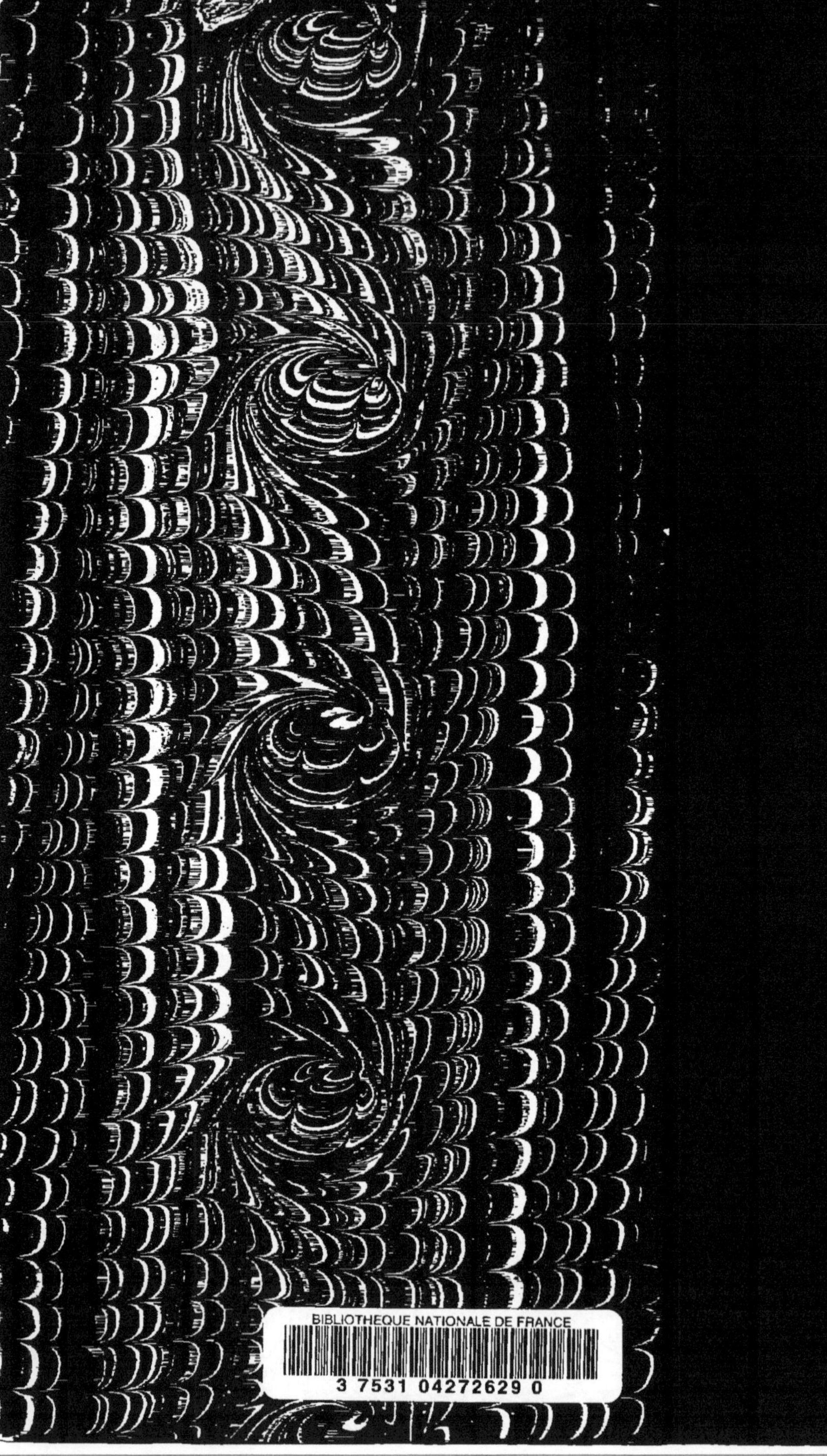

www.ingramcontent.com/pod-product-compliance
Ingram Content Group UK Ltd.
Pitfield, Milton Keynes, MK11 3LW, UK
UKHW020118240726
13926UKWH00011B/2001

9 782014 435108